논·술·한·국·대·표·문·학

43

인현왕후전

작가미상

계축일기

H 훈민출판사

서오릉의 명릉. 숙종과 인현왕후가 함께 모셔져 있는 묘소이다.

The Best Korean Literature

창덕궁. 〈인현왕후전〉은 궁중소설로서 숙종의 왕비인 인현왕후와 장 희빈을 둘러싼 역사적 사실을 다룬 것이다.

서오릉 입구.
서오릉에는 〈인현왕후전〉에 나오는 숙종과 인현
왕후, 장 희빈의 묘가 있다.

〈계축일기〉에서 광해군은 인목대비와 그
밑의 궁녀들을 궁중의 한 곳에 가둬 두고
먹을 것도 잘 주지 않는다. 그 때 궁궐 안
에 있던 대추나무에서 열매가 탐스럽게
열려 대추를 따 먹었고, 새똥에서 나온
도라지 등의 나물 씨앗이 움을 터서 직접
가꾸어 먹기도 한다. 이후 인목대비는 인
조반정으로 다시 복위된다.

〈인현왕후전〉에서 장 희빈의 간계로
궁중에서 쫓겨난 인현왕후는 친정집으
로 돌아온 뒤 두문불출하고 지낸다.

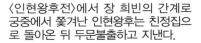

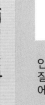

인현왕후의 글씨. 인현왕후는 어
질고 정숙하였으며, 학문과 글씨
에도 조예가 깊었다.

인현왕후전에서 장 희빈은 궁중
안으로 무당을 불러들여 굿을 하
면서 인현왕후가 죽기를 바란다.

강화도 전경. 〈계축일기〉에 의하면, 영창대군은 광해군에 의해 강화도로 유배된 후, 죽임을 당한다.

The Best Korean Literature

창경궁. 〈계축일기〉는 광해군과 영창대군을 둘러싸고 벌어진 궁중 안의 권력다툼과 음모 등을 기록한 것이다.

구인환(丘仁煥)

서울대학교 사범대학 졸업. 동 대학원 졸업(문학박사)
서울대학교 명예교수, 소설가(현). 서울대학교 사범대학 국어교육연구소 소장(현)
문학과문학교육연구소 소장(현). 국제펜 한국본부 부회장(현)
한국소설문학상(1987) 예술문화대상(1994) 한국문학상(2000)
작품 〈숨쉬는 영정〉, 〈살아 있는 날들〉, 〈일어서는 산〉 외 다수

• **저서** ≪한국단편소설의 이해≫, ≪한국현대소설의 비평적 성찰≫,
    ≪고교생이 알아야 할 소설≫, ≪고교생이 알아야 할 세계단편소설≫ 외 다수

윤병로(尹柄魯)

성균관대학교 국어국문학과 졸업. 동 대학원 졸업(문학박사)
성균관대학교 교수, 문학평론가(현). 한국현대소설학회장(현)
한국문예학술저작권협회 이사(현). 한국간행물윤리위원회 위원(현)
한국펜 문학상(1987). 한국문학상(1988). 대한민국문학상(1989)
수필집 ≪나의 작은 애인들≫

• **저서** ≪현대 작가론≫, ≪한국 현대 소설의 탐구≫,
    ≪한국 근대 작가 작품 연구≫, ≪한국 현대작가의 문제작 평설≫ 외 다수

홍성암(洪性岩)

고려대학교 국어국문학과 졸업. 한양대학교 대학원 국어국문학과 졸업(문학박사)
동덕여자대학교 교수, 소설가(현). 한국문인협회 회원(현)
한국소설가협회 이사(현). 국제펜 한국본부 소설분과 이사(현). 한민족 문화학회 회장(현)
창작집 ≪큰 물로 가는 큰 고기≫, ≪어떤 귀향≫ 외
대하역사소설 ≪남한산성≫(전9권) 외 다수

• **저서** ≪문학의 이해≫, ≪현대 작가론≫, ≪한국 근대 역사소설 연구≫ 외 다수

기획 · 감수

〈인현왕후전〉의 원본

논술 한국대표문학을 펴내며

　21세기의 사회는 '전자 문명 시대'라 일컬어질 만큼 오늘날 전자 산업은 우리 생활의 거의 모든 분야에 다양하게 응용되고 있습니다. 출판 분야 또한 예외는 아니어서, 종래의 서책(Book) 대신에 이른바 '전자책(CD-ROM)'의 출간이 최근 들어 날로 증가하고 있습니다.

　그러나 이러한 전자책은 영상 또는 모니터상으로 흥미 위주나 백과사전식 지식을 습득하는 데는 효과적일지 모르지만, 문학 공부를 위해서는 별로 도움이 되지 않습니다. 바꾸어 말하면, 문학 공부는 각 지면마다 살아 숨쉬는 표현 하나하나를 독자 자신의 머리로 음미하면서 작품을 읽어 나가는 가운데, 풍부한 상상력의 배양과 함께 작가의 의도와 그 작품의 내면을 깊이 있게 이해함으로써 이루어지는 것입니다.

　이에 훈민출판사에서는, 자라나는 학생들이 범람하는 영상 매체에 길들여지기 전에, 어려서부터 유명한 세계문학 작품들을 책자를 통하여 감명 깊게 읽고 감상함으로써, 올바른 문학 공부의 기틀을 다지고, 아울러 전인 교육도 할 수 있도록 《논술 한국대표문학(전60권)》을 펴내게 되었습니다.

　작품 선정은, 초·중·고등학교 국어 교과서와 역사 교과서에 실리거나 소개된 문학 작품을 중심으로 하되, 그리스 신화와 성경 이야기 등의 고전에서부터 중세·근대·현대에 이르기까지 세르반테스·셰익스피어·톨스토이 등 세계 유명 작가들의 장·단편 소설들을 엄선·수록하였습니다. 또 세계의 명시도 별권으로 엮었으며, 특히 각 단락마다 '논술 문제'를 제시하여, 장차 대학입시를 비롯한 각종 '논술 고사'에 예비 지식을 쌓을 수 있도록 배려하였습니다. 아무쪼록, 이 《논술 한국대표문학(전60권)》이 자라나는 학생들에게 문학 공부의 주춧돌이 되고, 나아가 미래를 살아가는 데 **정신적 자양분**이 되기를 진심으로 바라 마지않습니다.

훈민출판사

차례

인현왕후전/ 12
계축일기/ 100

인현왕후전

작가 미상

인현왕후전

　조선국 숙종 대왕의 계비(임금의 후비. 인경왕후 김씨가 돌아가신 후 왕비가 됨)이신 인현왕후 민씨의 본은 여흥이시니, 행병조판서(행은 관계가 관직보다 높은 경우에 벼슬 이름 위에 붙이던 말. 부원군으로서 병조판서를 지냄을 뜻함. 여양부원권 둔촌 민유중을 일컬음. 둔촌은 그의 호)의 따님이시며, 영의정 동춘 송 선생(동춘당. 즉 송준길을 일컬음)의 외손이시니라.

　모 부인 되시는 송씨가 기이한 태몽을 꾸시고 정미년(현종 8년, 1667) 사월 스무사흘날 탄생하오시니 집 위에 상서로운 기운이 일어나고 산실 안에는 향기로운 냄새가 은은하여 부모들이 귀하게 생각한 나머지 집안 식구들로 하여금 이런 말을 못하게 하시니라.

　점점 장성하심에 남달리 재주가 뛰어나시고, 용색이 찬란한 숙녀이시며, 고금에 비할 데 없으시고 여공(여자들의 길쌈 솜씨)과 몸의 거동 하나 하나가 민첩하기 이를 데 없어 마치 귀신이 돕는 듯하시나 그런 내색을 하시는 일이 없으시고, 마음 쓰심이 언제나 한결같이 변화가 없으시고 숙연(삼가 두려워하는 모양)하사 희로를 타인이 알지 못하며, 무심무념한 듯하시고 성질이 부드럽고 성덕이 온화하시며, 효성이 남달리 뛰어나시고 겸손하시어 모든 면에서 뛰어난 분이어서, 종일 단정히 앉아 계시는 모습이 온화한 기색 봄볕과 같으시되, 단엄침중(단정하고 엄숙하며 침착하고 무게가 있음)하신 기상은 감히 우러러뵈옵기 어렵고, 밝고 좋은 골격이 설중매와 같으시고 높고 곧은 절개는 한천송백 같으시니, 부모와 집안 어른들이 사랑하고 소중히 여기며 원근 친척이 다 기이함을 놀라고 탄복하여, 어릴 적부터 동경치 않는 이 없어 향명(꽃다운 이름)이 세상에 널리 알려졌더라.

어느 해인가 세숫물 위에 붉은 무지개가 찬란하게 비침을 보고 아버님 되시는 민 공께서 반드시 귀하게 될 줄 짐작하시고 심중에 염려하시어 더욱 매사에 교훈함을 각별히 하셨고, 그 둘째 아버님 노봉(민정중의 호) 민 선생이 경학에 통달하고 엄중한 성품이심에도 불구하고 후를 지극히 사랑하시어 제 자질보다 더하시되, 매양 인물이 지나치게 훌륭하면 귀신이 시기를 하여 싫어하는 법이니, 저 애가 과연 현명하고 아름다우니 수명이 길지 못할까 근심이 되노라고 하셨다 하더라.

일찍이 어머님 상을 당하여 지극한 슬픔이 되어 애훼(부모의 죽음을 슬퍼하여 몸이 바싹 여위는 일)하셔 세월이 오래 되었으되 예의 넘으시고, 계모 조씨(민유중의 세 번째 부인인 풍안 부부인) 봉양하는 데 있어서도 지효지성으로 하시고, 외할아버지 동춘 선생이 애중히 여기사 데려다 앞에 두실 적이 많고 일러 말씀하시기를 이미 국모의 덕이 있다 하시니, 내외 문중에서 성학지도와 절부의 규중 예행을 모두 습득케 하시니, 설사 타고 난 천성이 때를 만나지 못해 다 이룸이 없다 하더라도 옛말에 산고옥출(산이 높아야 옥이 남)이요 해심생태(바다가 깊어야 김이 남)라 하니, 명가지문의 성인지성이 어찌 범용할 것이뇨.

경신년(숙종 6년, 1680)에 인경왕후 김씨 승하하시자, 대왕대비(현종의 비. 명성왕후를 일컬음)께옵서 곤위(왕후의 자리. 곤극이라고도 함) 비었음을 근심하시어 간택하는 영을 내리오서 숙녀를 구하시니, 청풍 부원군 김 공(김우명. 현종의 장인임)이 후의 덕색을 익히 들은 바 있었으므로 대비께 아뢰고 영의정 송 선생이 상전에 아뢰었다.

　"국모는 만민의 복이라, 당금 병판 민모(병조판서 민유중을 일컬음)의
　여식이 매우 현숙함을 신이 익히 아옵나니 바라옵건대 전하께서는 번
　거로이 간선치 마옵시고 대혼을 완정하소서."

　주상께서 칭선하시고 대비께 아뢰시니 대비께서 크게 기뻐하시어 비
망기(임금의 명령을 적어 승지에게 전하는 문서)를 나리시어 민 공께 전교
를 내려 지시하라 하오시니, 민 공이 황공송연하여 즉시 상소를 올려
지극히 사양을 하니 그 사절하는 뜻이 간절하나, 주상의 뜻이 이미 굳
게 정해지신 터라 허락하지 아니하시고, 세 번 상소를 거듭하니 엄지를
내리사 책망을 하시고 좌의정 노봉 민 공을 대궐에 들게 하시어 임금의
뜻을 거슬러 공손치 못함을 꾸중하시니, 신하의 도리로 사양할 말이 없
어 대궐에서 물러나 집에 돌아와 형제자질이 서로 대하여 황송해하고
천은을 감축하여 충의의 눈물이 절로 떨어짐을 깨닫지 못하였더니라.

　내시와 궁인을 보내시어 후를 어의동 본궁으로 모실 때에 궁인이 주
상의 명을 받들어 후를 뵈옵고 놀라고 탄복한 나머지 부부인(인현왕후의
생모 송씨를 일컬음)께 사뢰기를,

　"궁인이 천은을 입사와 궁궐에 들어갔음에 대행 성덕을 뵈옵고 어린
　안목이 팔십이 넘사오나 이와 같으신 영광스러운 성덕을 처음 뵈오
　니, 국가의 만행이 올 뿐더러 궁인이 오래 산 것이 영화로소이다."
하니 부부인이 불감함을 손사하고 성은이 과도하심을 누누히 말씀하시
니, 그 대하는 몸가짐과 예절이 법도를 다하였으므로 상궁이 감탄하고
입궐하여 본대로 아뢰니, 대비께옵서 크게 기꺼워하시어 길일로 정한
날을 날마다 기다리시면서 어찌 날이 이리 더디가는가 하셨더라.

　길일이 되니 민공이 위엄스런 예를 갖추어 대례를 행하시니 이 때 주
상의 춘추 스물하나라. 좌우 신하들을 거느리시고 별궁에 거동하시어

옥상의 홍안(혼인 때 신랑이 신부 댁에 가지고 가는 크고 작은 기러기)을 전하시고 후의 임금의 지시를 재촉하시어 황금봉련을 친히 봉쇄 대내로 환궁하시니 이 모두가 세자빈 가례와 달리 대전 기구라, 용봉기치(용과 봉황을 수놓은 깃발)와 황금절월(금으로 만든 도끼)이며, 만조백관이 시위하고 칠보단장한 궁인 시녀가 큰길을 덮어 십 리에 늘어서고, 향취 은은하고 가는 퉁소 소리 전차후옹(여러 사람이 앞뒤로 옹위하여 감)하였으니, 웅장 화려함은 가히 잠작키 어려울 정도더라. 성 안에 사는 모든 백성이 길을 메워 천만세를 축원하였더라.

교배지례를 행하시니 예도가 눈이 부시고 성덕이 외모에 나타나시며, 찬연한 색광은 보름달이 가을 하늘에 비껴 있는 듯, 조요한 맑은 광채 용상(왕이 앉는 의자) 앞에 보이니, 궁궐의 본색이 한꺼번에 탈색하고 천금보물이 빛과 힘을 발하지 못하는 듯하니, 궁 안에 있는 사람들이 크게 놀라 황홀해하고 두 분 전대비 마마(인조의 계비인 장렬왕후 조씨와 현종의 왕비인 명성왕후 김씨) 크게 기뻐하고 대견해하시어 사랑하고 귀하게 여김을 비할 데 없더라.

이 달에 왕비를 책봉하여 곤위에 오르시고 비빈 공주와 삼백 궁녀의 조하(조정에 나아가 임금에게 하례함)를 받으시니 일기 확장하여 바람은 산들산들 불어 오고 상서로운 구름이 봉궐을 둘러쌌으니, 짐짓 태평국모 즉위하시는 날인 줄 알지라. 인심이 절로 돌아서 만백성들이 모두 기뻐해 마지않더라.

후께서 즉위하신 뒤, 두 분 전대비 마마를 효양하시니 하늘에 빼어난 효성 동동촉촉(공경하고 삼가서 매우 조심스러움)하시고, 주상을 받들어 궁 안을 다스리시기를 덕으로써 인도하사 유순하시고 정정(질서나 조리가 정연한 모습)하시며, 비빈 궁녀를 거느리시기를 은위병행(은혜와 위엄을 아울러 시행함)하시어 선악과 친소를 사이 두지 않으시고 사람을 아끼

고 사랑하는 화기가 봄 동산 같으시어 만물이 다시 살아나는 듯하시나, 예절과 법도가 엄숙하고 강명(성질이 강직하고 두뇌가 명석함)하며 씩씩하시니 감히 우러러뵈옵지 못하고, 대궐 안에 있는 사람들이 모두 성덕을 흠선(우러러 존경하고 부러워함)하여 예도가 엄숙하며, 입궐하신 지 삼사 삭에 교화대치(기세가 크게 성한 모양)하여 화기가 애연(온화한 모양)하니 두 분 대비께서 극진히 애중하사 국가의 복이라 축수하시고 상감께서도 공경중대하시며, 조야가 모두 진심으로 존경하고 따르니라.

두 분 대비께서 수조(제왕이 직접 쓴 문서)를 우암(송시열 선생을 일컬음)께 나리시고 중궁의 성덕을 못내 기리시고 충공을 칭찬하시며, 부부인께도 각별히 많이 하사 대대로 그치지 않으사 은영이 형특하시니 민부(민씨 집안. 곧 인현왕후의 친정)에서 송구스럽고 황공함을 마지아니하였더라.

　계해년(숙종 9년, 1683) 겨울에 주상께오서 두환(마마, 천연두)으로 편찮으시어 증세 위독하시니 후께서 크게 염려하시어 주야로 띠를 끄르지 아니하시고 정성이 아니 미친 곳이 없고, 대비께오서 또한 조심하시고 걱정하사 후와 더불어 찬물에 목욕하시고 엄동설한에 후원에 단을 모으사 친히 올라 주야로 축원하시니, 후는 대비의 옥체 상하심을 염려하시어 몸소 대행하여 치성할 바를 아뢰어 간절히 애원하시나 대비 듣지 아니하시고 주야로 정성을 한 가지로 하시니, 하늘이 감동하사 가만한 가운데 도우심이 있어 주상께오서 회복되시니 신하와 백성들이 열락하기 측량할 길이 없었는지라.

　대비께서 주상이 편찮으시던 중 한설을 무릅쓰고 많이 애쓰신 고로 옥체 자못 상하여 신음하시더니 점점 위중하시니 주상과 후께서 어찌할 바를 모르고 곁에 오시어 주야로 시탕하여 간병함을 마다 아니하시고,

대신에게 명하사 동문에 있는 절에 빌라 하시며, 조서를 나리사 옥문을 열어 사죄인을 모두 놓아 주시고, 모든 어의로 시탕을 배설하여 의약을 지성으로 하시되 조금도 효험을 보지 못하시니 주상과 후께서 망극하사 초황하시며 신민이 황황망조(마음이 급하여 허둥지둥하며 어찌할 바를 모름)하더라. 납월(음력 섣달의 딴 이름) 초닷새 인시에 창경궁 저승전에서 대비 승하하오시니 춘추 마흔둘이시라. 신민이 진동하고 궁중이 놀라고 두려워 곡성이 하늘에 닿고 주상과 후 애통하심이 지극하사 일체 음식을 들지 아니하시니 궁중의 상하가 주상과 후의 성효를 탄복치 않는 이 없더라.

이러구러 삼 년을 지내고 혼전(임금이나 왕비의 국장 뒤에 3년 동안 신위를 모시던 궁전)을 파하니 주상과 후 새로이 영모애통 하시더라.

궁인 장씨(숙종의 빈) 비로소 후궁에 참예하여 희빈으로 봉하시니(숙종 15년, 1689), 간교하고 민첩혜할(눈치 빠르고 약삭빠름)하여 상의(임금의 뜻)를 영합하니 주상께서 극히 총애하시니라.

무진년(숙종 14년, 1688) 정월에 주상의 춘추 삼십이 거의 되셨건만, 농장지경(아들을 낳은 경사)을 보지 못하심을 근심하시는 터라 후께서 깊이 염려하사 하루는 조용히 주상께 아뢰어 어진 후궁을 뽑으셔 자손 보심을 권하시나 주상이 처음에는 허락지 않으시더니, 후께서 날마다 힘써 권하여 한 여자의 생산을 기다리느라고 막중한 종사를 가벼이 할 수 없음을 간절히 아뢰니, 정정하신 덕과 유화한 말씀이 진정에서 우러나온 것임이 분명하였더라.

주상께오서 감탄하시고 조정에 후궁을 간택하시는 전지를 내리오시니 명안공주(현종의 셋째 따님. 어머니는 명성왕후 김씨)가 하교를 듣잡고 놀라 고모 되시는 대장 공주를 모시고 입궐하여 주상과 후를 뵈옵고 인하여,

"중궁 춘추가 정정하시니 아직 생산하심을 기다릴 것이요, 후궁을 뽑으심은 불가하나이다."

하고 주하니, 후가 그 자리에 동석해 계시다가 안색을 고쳐 말씀하시기를,

"내 박덕미질(얇은 심덕과 미약한 기질)로 곤위에 올랐으나 주야로 걱정되는 것은 윗전 성덕을 갚삽지 못하고 대연분을 저버리게 될까 염려하더니, 덕이 없어 생산의 길을 열지 못하니 이는 종사에 큰 염려가 아니리요?"

하고 말씀을 마치심에 안색이 한결같이 안과 밖이 자약(큰일을 당해도 침착하여 태도가 보통때와 다르지 않음)하시니, 두 분 공주가 감복하여 다시 아뢰지 못하고 서로 성덕을 칭송하고 대왕대비께서 사랑하고 귀히 여기셨음을 더욱 알만 하다 하더라.

드디어 숙의(조선 내명부의 종 2품. 궁중에서의 직무는 없고 임금의 부실로 교명을 받으면 승격함) 김씨를 뽑아 후궁에 두시니 후께서 예로 대접하시고 은혜로 거느리시니 덕택이 태임·태사(중국 주나라 문왕의 비이자 무왕의 어머니. 현부인으로 이름이 높음)와 하나도 다를 게 없으셨더라.

궁중이 그 덕을 외오고 선행을 일러 탄복치 않는 이 없으나, 시운이 불행하고 후의 운명과 재주를 하늘이 정해 놓으셨으니 예로부터 홍안박복(썩 예쁜 여자는 팔자가 사납다는 뜻으로 이르는 말)과 성인의 궁액은 인력으로 어쩔 수 없는 터인즉, 고로 사람들은 하늘의 이치를 의심하는 바이라.

무진 추팔월에 인조대왕비 조씨가 창경궁 내전에서 승하하오시니, 춘추 예순다섯이시더라. 주상과 후가 애통하여 조석으로 제전에 참례하사 지극히 슬퍼하시더라.

이 해 동시월에 희빈 장씨 처음으로 왕자(숙종 14년 무진 10월 28일,

창경궁 취선당에서 태어난 경종을 일컬음)를 탄생하니, 주상께서 지나치게 사랑하심은 이를 것도 없고, 후도 크게 기뻐하사 어루만져 사랑하심을 당신이 낳으신 친자식과 다름없이 하시니, 장씨가 자기 분수를 지키고 있었더라면 영화 가득할 것이나 문득 참람(제 분수를 지나서 방자함)한 뜻과 방자한 마음이 불일듯 하니, 중궁의 성덕과 용색이 일국에 뛰어나고 세상인심이 다 돌아가고 있음을 시기하여 가히 남 몰래 제거하고 대위(높은 위치. 여기서는 중전의 자리)를 엄습코저 하니, 그 참람한 역심이 더하여 날마다 기색을 살펴 중궁전을 참소하기를, 새로 태어난 왕자를 짐살(짐새의 깃에 있다는 강한 독을 탄 술을 먹여 죽임)하려 한다느니 희빈을 저주한다느니 하여 국모를 헐뜯고 모함하지 아니함이 없어, 간악한 후빈들을 모아 소문을 퍼뜨리고 행방을 드러내어 주상이 보시고 들으시게 하니, 예로부터 악인을 의롭지 않게 돕는 자가 있다는 그런 흔한 일

이 일어난 것이더라.

중궁을 모함하는 말이 날이 지날수록 심해지니 주상께서 점점 의심하사 중궁을 아주 박대하시고, 장씨는 요악한 교태로 천심을 영합하며 왕자를 방패 삼아 권세가 대단하니, 주상께서 점점 장씨의 사랑에 혹하사 능히 흑백을 분별하지 못하시니, 전날에 엄숙하고 광명하시던 성심이 아주 변감하사 어진 신하는 모두 물리치시고 간신을 가까이 하시니 조정이 그윽히 의심하고, 후께서는 깊이 근심하시어 장씨의 사람됨이 반드시 변괴를 내실 줄 알고 계시지만, 왕자의 당당한 기상이 있는 고로 깊이 생각하시고 만행히 여기사 사색을 나타내지 아니하시고 갈수록 숙덕성심을 행하시더니, 이듬해 기사년(정묘년의 잘못이니, 민유중이 죽은 해는 숙종 13년 정묘 6월임)에 여양 부원군이 돌아가시니 후 망극애통하시어 장례를 지내시되 육찬과 맛있는 음식을 가까이 아니하시고 애절하게 슬퍼하시니, 주상께선 이미 결정하신 뜻이 계신 고로 발설치 않으시나 민간에 소문이 일어나 중궁을 폐위하신다 하더니, 이 해 사월 스무사흗날은 중궁전 탄일이라.

여러 궁과 내수사에서 공상단자(궁중에 물건을 바치는 단자)를 드리니 주상께서 단자를 내치시고 음식을 모두 물리치시며, 대신과 2품 이상의 신하들을 인견하신 자리에서 폐비함을 전교하시니, 좌승지 이이만이 불가함을 아뢰자 주상께서 크게 노하시어 이이만을 파직하시고, 또 수찬(홍문관의 정 6품 벼슬) 이만원(호는 이우당. 후에 이조참판까지 오름)이 상께서 실조하심을 간하니 주상께선 더욱더 노여워하시어 멀리 귀양보내라 하시었다.

이렇듯 대신 중신 사십여 인을 먼 고을로 정배하시고 또 비망기를 나리오시니, 조정이 깜짝 놀라 일시에 정청을 배설하고 다투는 체하나 실정은 아니었음이라.

이 때 후의 부숙(아버지 민유중과 숙부 민정중)과 종형제 조정에 들어와 벼슬을 하여 도덕이 조정에 널리 알려져 벼슬과 명망이 높고 이름이 세상에 가득하나, 후 입궐하심으로부터 전전긍긍함이 더하여 사업을 베풀지 못하니 그를 소인들이 시기하여 기회를 엿보고 있던 터이라 적이 다행하게 여겨 색책(그 자리만 임시변통하는 일로 겉으로 책임을 얼버무림)을 하고, 예조판서 민동은 죄목을 벗겨 드리고, 대사헌 목창명(호는 취강. 여러 관직을 거쳐 도승지, 대사헌, 대사성 등을 지냄)은 정청을 역정하고 물리치고, 간신의 간언이 방성하여 주상의 뜻을 영합하고 후궁의 간사한 기운이 상의 총명을 가리우니 양과 같이 선량한 충신들의 간언이 어찌 효험이 있으리요.

이 때에 응교(홍문관, 예문관 소속의 정 4품 벼슬) 박태보(호는 정재. 이조좌랑, 암행어사 등을 지냄)가 파직 중에 있어 정청에도 참가하지 못하고 달리 아뢸 이가 없어 이에 예조의 모든 서리들에게 사발통문을 놓아 한 가지로 상소할 때에, 전판서 오두인(호는 양곡. 공조판서, 형조판서를 지냄)이 벼슬 품이 높은 탓에 주동자가 되어 응교가 손수 상소문을 짓고 서리 여러 사람들이 합소하여 스무닷샛날 정원에 바치고 비답(상소에 대한 임금의 하답)을 궐하에서 기다리더니, 주상께서 상소문을 보시고 크게 노하시어 특지로서 추국하려 하시어 옥교를 타시고 무감(무예별감)과 여관 내시를 다리시고 인정전에 죄를 묻기 위해 어좌하시니 금부당상들과 대신 삼사들을 급히 불러 현지 진동하시어 추국 기구를 일시에 차리실 때 횃불이 궐내에 가득 차고 일시에 내외에 떠들썩해하는 소리 진동하더라.

그 때에 참다운 신하들이 벌써 날이 어두움에 다음 날 다시 상소할 양으로 각각 흩어지고 궐하에는 오직 소두 오두인, 전판서 이세화, 전참의 신수랑, 진주 목사 이돈견, 응교 박태보, 전수찬 김종신, 전한림 이

인엽, 정언 김덕기, 조제수 등이 몇 명 있기는 하나 그 중 오두인, 이세화, 김덕기 각각 의막(임시로 거처하게 된 곳)에 있더니 궐내에 횃불이 왔다갔다 하고 떠드는 소리가 가득함을 듣고 말하기를,

"이것이 필경 우리들을 다스리려 하는 것이로다."

하더니, 과연 기별을 듣고 일시에 금오문 밖에 가서 대죄하게 되니 사람마다 죽게 되었구나 하고 떨며 말을 못하였으나 응교만이 홀로 신색이 태연한듯 말하기를,

"일이 이 지경에 이를 것을 두려워하지 아니하였거든 새삼스레 놀라면 어찌하겠소?"

하고, 여느 때와 조금도 다르지 아니하더라.

이 때 전참의 신수랑이 오두인더러 말하기를,

"대답하올 말씀을 의논치 아니하시나이까?"

하였다. 이에 응교 대답하여 이르기를,

"대감이 들어가시면 상감이 만일 저 상소에 대해 물으시거든 바른대로 말씀하소서."

하니, 오 판서 말하기를,

"어이 차마 바른대로 말할 수 있겠소?"

하니, 응교 말하기를,

"이 일은 임금을 속이지 아니함을 으뜸으로 삼을 것이니 부디 일을 바로 하소서."

하였다.

이세화 이에 바지와 대님을 풀고 다리를 만지며 말하길,

"삼십 년 동안 국록을 먹어 살이 쪘더니, 이 다리 오늘날 염정에 가면 회초리 되었도다."

하더라.

이윽고 대궐에서 횃불 네 개와 금부도사, 나졸이 치달아 나오면서 급한 소리로,

"소두 오두인 어디 있더냐?"

하거늘, 대답하여 가로되,

"예 있노라."

하고, 큰칼을 목에 쓰고 달려갈 때 박응교, 오두인과 김덕기를 잡고 말하기를,

"이 일을 바로 하는 것이 으뜸가는 일이니, 대감이 들어가시면 상감께서 응당 누가 제소했느냐 물으실 것인즉 부디 바른대로 말씀하소서. 이 일이 혼자 담당할 일이요, 내 실로 혼자 지어서 상소문을 쓴 것이니, 행여 바른대로 아뢰지 아니하면 여러 분이 화를 당할 것이니 부디 말씀을 바로 하사이다."

하고 새삼스럽게 당부하더라.

그리하여 목화(관대를 입고 사모를 쓸 때 신는 신발. 검은 사슴 가죽으로 만드는데, 장화와 비슷하게 생김)를 벗고 미투리를 신고 앉았더니만 이어 횃불이 또 달려와 이세화와 유현을 찾으니, 이 두 사람이 그 다음 차례더라.

이세화는 칼을 쓰고 들어가고, 유현은 이 때 병이 중하여 문밖 자기 집에 있었는데, 금오랑(의금부 도사)과 나장이 급히 달려가 그를 잡아들이더라.

이윽고 횃불이 또 달려와,

"제소한 자는 누구인고?"

하고 묻거늘 응교 즉시 일어나,

"내노라."

하고, 망건을 벗어 담뱃대와 한가지로 종에게 주며,

"모친께 드려라."

하고, 이어 큰칼을 뒤집어쓰고 들어가니 이인엽, 김종신, 조제수 등 제신이 응교의 소매를 잡고 일러 말하기를,

"어이하여 의논도 없이 혼자 담당하려고 들어가시오?"

하니 응교 웃으며 대답하여 말하기를,

"내 이미 마음에 정한 바 있는데 무슨 의논할 일이 있단 말씀이시오?"

하였다.

이인엽이 답하여 말하기를,

"그 글을 구태여 자네 혼자 짓지 않고 우리 한가지로 의논하였거든 어이하여 혼자 담당하려느뇨?"

하자 응교가 웃고 말하기를,

"그 상소는 내가 짓고 내가 썼으니, 자네가 내 지은 죄를 대신 입을 까닭이 있는가? 죽어도 나 혼자 죽고 다른 사람은 죽이지 않을 것이니, 염려 말게."

하고 소매를 떨치고 내달으니, 이돈견이 말하기를,

"여보게, 자네 어이 남긔('나무에'의 옛말) 달려들듯 경솔히 내닫느뇨?"

하니 응교가 돌아다보고 웃고 말하기를,

"이 때를 당하여 아니 달려들꼬? 다시 우스운 말 말게. 내 이미 정하였으니 이 때를 당하여 피하려고 하겠소?"

하고, 신색이 태연하게 들어가는 것이더라.

오 공 두인은 벌써 원정하였고 이 공 세화는 아직 당 밖에 있더니, 응교가 들어가서 앉으니 이 공이 말하기를,

"우리는 나이도 많고 나라의 은덕을 많이 입었으니 이제 죽어도 한

될 것이 없거니와 자네는 처자식과 양 노친 두고 형제 없이 나라 은혜를 우리같이 입었는가? 이제 들어가면 죽을 것이니 부디 내게 미루소."

하니, 응교 칼머리를 잡고 이르되,

"대감도 되지 못하는 말을 하시나이까? 내가 들어가서 할 말씀을 대감이 지휘하시나이까? 신하된 자로 이에 이르러 죽을 따름이라, 어이 차마 거짓말 하겠나이까?"

하며 끝내 바른대로 아뢰니, 사람마다 기특하게 여겼더니라.

이에 잡혀 들어가니 주상께서 어좌에 앉으시어 크게 소리 지르사 응교더러 일러 말씀하시기를,

"내 네놈을 자식처럼 어여삐 여기었거늘 네 갈수록 이렇듯이 하는고? 전부터 나를 범하여 독살을 부리니 괘씸하게 여기면서도 여지껏 모른 체했으나 이제 죽는 줄 알라. 이제 나를 배반하고 간악한 부인을 위하여 무슨 뜻을 받아 간특흉악한 노릇을 하는고?"

하시었다.

응교 엎드려 정색하여 아뢰기를,

"전하 어이 이런 말씀을 차마 하시나이까? 군신 부자 일체라 하오니, 아비 성품이 지나쳐 애매한 어미를 내치고자 하면 자식이 어이 살고 싶은 뜻이 있사오리까? 이제 전하께서 무고한 처사를 하오셔 곤위 장차 편안치 못하시게 되오니 의로운 신하로서 망극하와 오늘날 죽기를 무릅쓰고 상소를 드리오니 어찌 전하를 반하올 뜻이 있사오리까? 중궁을 위하온 일이 정히 전하를 위하온 일이오니, 전하를 모셔 온 중궁이 아니시니이까?"

하니, 주상께서 더욱 노여워하시어 이르시기를,

"어서 빨리 결박하라. 이놈아, 네 갈수록 나를 욕하는구나. 내 역률

(역적을 처벌하는 법률)을 쓰리라. 우선 형문(형장으로 죄인을 때림)을 치려니와 압슬(죄인을 움직이지 못하게 하고, 꿇린 무릎 밑엔 사금파리 따위를 깔고 무릎 위를 압슬기로 누르거나 무거운 돌을 올려놓던 일) 화형 기구를 차리라."

하시니, 응교가 아뢰기를,

"다른 말씀 하릴없사와, 의신이 이 상소를 지었다 하시고 다스리려 하시면 상소를 가지시고 문묵을 내사 묻자오시면 의신이 자세히 아뢰오리이다."

하였다.

상께서 이르시기를,

"네 그 중에 침윤 기간 상일 상립 교수 등 어찌 말고 자세히 아뢰라."

하시니, 응교가 그 상소문 두 줄을 외어 낱낱이 여쭈되,

"이 말씀은 이리이리 하온 일이요, 저 말씀은 저리저리 하온 말씀이니이다. 무릇 여염의 일처일첩을 두는 사나이라도 가장 노릇을 잘못하여 첩을 지나치게 사랑하는 일이 있으면 집안의 화목을 도모하지 못하고 상립(둘이 서로 맞섬, 즉 다툼)하는 일이 있어 고약하게 되는 일이 많사오니, 전하께서 요사이 후궁을 총애하시는 일이 있으신 뒤로 하오시는 일을 뵈오니 의신이 매양 그러하오신가 의심이 있삽더니 이제 과오를 범하시오니 의신은 과연 그러하오신가 그리 아옵나이다."

하니, 상께서 이르시기를,

"네 어찌 그따위 말을 하느뇨. 그러면 나를 천첩의 거짓말을 곧이듣고 해괴한 짓이나 하는 사람 같다고 하는 것이냐? 네 나를 무고하여 미친 사내 같다고 하느뇨?"

하시고, 이어 금부 나장에게 되게 칠 것을 명하시어 '매질하라' 하시고 해묵은 쇠사슬로 두어 번 얽어 무릎을 잔뜩 졸라매어 고개를 움직이지

못하게 하고 추를 가슴에 닿게 동여매고 일일이 살펴서 각별히 엄형에 처하시니, 좌우승지와 금부당상들과 도사 나장들이 일시에 '되게 쳐라' 하는 소리가 진동하니, 대궐 안에서 매질하는 소리가 천지를 진동하여 향교동까지 들리더라.

피가 낭자하게 튀고 살이 해어지되, 응교는 한번 앓는 소리도 아니하고 움직이지 않고 낯빛도 하나 변하지 아니하니 마치 헛것을 치는 것 같더라.

주상께서 더욱 크게 노하시어 이르시기를,

"이놈아, 네가 몇 놈들이 부동(그른 일을 하기 위해 몇 사람이 결탁함)해서 한 짓인 것을 끝내 고하지 아니할 생각이냐? 홍치상이 부동한 죄로 죽었거늘, 네 금방 보고서도 어찌 아니라고 하느냐?"

하시니, 응교 소리를 높여 아뢰기를,

"전하 어찌 신의 뜻을 그리 모르시나이까? 홍치상은 제가 가만히 한 일이옵거니와 의신의 상소는 공공지론으로 하였거늘, 어이 홍치상에게 비교하시나이까?"

하였다.

주상께서 더욱 노하여 말씀하시기를,

"음흉하고 간특한 계집을 위해 저렇듯 강악하뇨?"

하시니. 응교가 그 말씀을 듣고 각별히 얼굴 모습을 엄정히 하여 다시 기침을 하고 아뢰되,

"전하, 어이 차마 그런 말씀을 하시나이까? 부부는 인륜지대요 성은 인륜지지라 하오니, 무릇 여염의 사람도 부부의 의를 중히 여기옵거늘 중궁이 뉘 배필이시라고 주상께서 진노하시기로 성인의 말씀을 그르치게 마옵소서. 사사로운 말씀을 이렇듯 도리에 어긋나게 하시나이까?"

하니, 상께서 더욱 크게 노하시어 이르시기를,

"네가 하늘을 공축케 하려느냐? 네가 한 소행만을 아뢰지 않고 웬 딴 소리를 하느뇨?"

하자, 응교 대답하여 아뢰되,

"전하께서 근래 주역을 강하시면서 어찌 건곤의 이치를 알지 못하시나이까? 중궁께 설사 흉허물이 있으시다 하여도 명성왕후 계실 적에는 극진히 사랑하셨을 따름이요, 과실이 계시다는 것을 듣지 못하였사온데 어이 이제 원자 탄생하신 후 저렇게 허물을 하오시니, 의신은 앞으로 상감께서 인연을 짓밟으시고 인륜을 어긋나게 하시며 착한 이를 모함했다는 비방을 듣자오실 줄 알겠나이다."

하자, 주상께서 지극히 노하시어 성음을 이루지 못하시고 이르시기를,

"이놈아, 그 말 또 하느냐. 그 무슨 말인고? 네 부동한 사실만을 어찌 이르지 아니하는고? 이놈의 강악이 갈수록 더하는도다. 역률로써 압슬 화형을 하리라. 네 저놈의 말하는 주둥이를 지져라."

하시니, 나장들이 차마 그대로 못하고 그리 상하지 않게 화침 능장(밤에 순경을 돌 때 쓰는 기구로, 150㎝ 길이의 나무 끝에 물미를 끼우고 위에는 쇠두겁을 씌움. 형장의 한 가지)을 옆으로 비껴 쥐고 지지는 시늉을 하니 '점점 치라' 하시는 것이더라.

형문 두 치 맞았는데 첫 채에 헤이지 않은 것이 여네 번이요, 둘째 채에 헤이지 않은 것이 아홉이니 모두 합하면 세 채를 맞은 꼴이 되니, 살이 미어지고 핏방울이 튀어 바지에 잠겨 손으로 짜게 되었건만 응교는 아픈 사색을 아니하였더라.

주상께서 이르시기를,

"급히 압슬하라."

하시므로, 응교 대답하여 아뢰되,

"의신은 오늘날 죽음을 정하였삽거니와 전하께서 일을 이렇듯이 하시오니 후일 망국지주 되올 것이니, 그를 서러워하나이다."

하자, 주상께서 말씀하시기를,

"내가 망국하든 말든 네가 아랑곳할 것이 무엇이뇨?"

하시니, 응교 대답하여 아뢰기를,

"전하께서 어찌 저런 말씀을 하시나뇨? 의신은 교목세신(여러 대를 중요한 지위에 있어 기쁨과 근심을 나라와 같이하는 신하)이라, 나라와 더불어 목숨을 한 가지로 하올 몸이오기에 이를 서러워하나이다."

하자 주상께서 가라사대,

"잔말 말고 압슬하라."

하시고, 돌아다보시며 사관더러 이르시기를,

"태보의 그런 말은 쓰지 마라."

하시더라.

압슬 기구를 차려 그 날 즉시 압슬할새, 널을 놓고 자갈을 가득히 널 위에 깔고 형문 맞는 다리를 그 위에 앉히고 그 위에 자갈 모은 것 두 섬을 붓고 다리를 못 드는 데를 좌우로 푹푹 막대기로 쑤시느라고 그 널을 위에 덮고 상하 머리를 잔뜩 졸라맨 건장한 나졸이 한 머리에 셋씩 올라서서 질근질근 하는 소리, 소리치며 널 뛰듯 발을 굴러 비비기를 한 채에 열세 번씩 하며, 속이지 말고 바른대로 아뢰어라 일시에 소리를 지르나, 응교는 더욱 안색을 동하지 않고 한번도 앓는 소리를 내지 아니하니 주상께서 더욱 크게 노하시어 이르시기를,

"이놈의 강악이 되게 무섭구나. 저렇게 표독하거든 나를 욕하지 아니하겠느냐? 종시 자백을 아니하고 강악하기 비할 데 없으니, 네 끝까지 모든 것을 실토하지 아니하려느냐? 네 끝내 다른 무리들과 부동한

사실을 자백하지 아니하려느냐? 꿈 말은 어찌 된 말인고?"

하시니, 응교 대답하여 이르되,

"의신의 회포는 상소문에 다 하였사오니, 무슨 다른 말을 하였다 하시나이까? 의신은 추호도 다른 무리와 부동한 일이 없사오니 자백할 것이 없나이다. 꿈 말씀도 다른 데서 알게 된 것이 아니오니 어이 알겠습니까마는, 전하께서 내리신 비망기 속에 있사옵기 보았고 아뢰었나이다."

하였다. 주상께서,

"그렇다면 내가 거짓말을 한다고 하는 것이냐?"

하시니, 응교 대답하여 아뢰기를,

"궁 안의 일을 의신이 자세히 알지 못하거니와, 꿈이란 것은 본디 허망한 것이오니 어이 구태여 일일이 맞추기를 기약하겠나이까? 우연한 몽사를 맞추지 못한 신들이 무슨 과실이오며 몽매 간의 일을 우연히 부부간에 아뢰었사온들 그것은 무슨 대단하신 허물이시라고 일을 절박하게 하셔 큰죄를 삼으시니, 이 큰 과오가 아니시옵니까? 비록 중궁은 꿈을 믿는다 하오셔도 이전에는 전하께서도 현몽하신 일을 인견 때에도 여러 번 꿈 말씀을 하여 계시오니, 의신은 전하께서 스스로 잘못하신 탓인가 하나이다."

하자, 주상께서 더욱 크게 노하여 가라사대,

"네 나를 다만 거짓말하는 광인 같다 하느냐? 네 불과 간악한 계집이 네 편당이라 하고 저리 하는가?"

하시니, 응교 아뢰되,

"의신이 입조하온 지 열세 해온대 의신 인물이 세상 사람과 합함이 적어 어느 때나 한결같이 무디기로 이리 삼가는 줄 모르시나이까? 만일 당파에 치우쳐 그런 일을 하옵고 뜻 맞추기로 행세하옵게 되면 어

찌 전하께 뜻을 여쭙지 못하였사오리까? 이 상소는 일국에 공공지론
을 하였사옵고 전하의 신하되어 전하의 실덕하심을 보옵고 도리어 응
당 죽도록 간하올 따름이오이다. 전하의 하교를 듣자오니 전하께옵서
의신을 서인이라 하오셔 이리 참형을 하옵시는가 싶으오이다."
하니, 주상께서 더욱 노하여 이르시기를,
"네 일정 날더러 서인이라 하기로는 잘하더라."
하시자, 응교 대답하여 아뢰되,
"전하! 마음을 깊이 생각하여 보소서. 아비가 어미를 아무 죄도 없이
내치려 하오면 그 자식이 어이 죽도록 간치 아니하리이까? 생각하기
어렵지 않은 일이거든 어찌하여 전하께서는 그리 생각지 아니하시나
이까?"
하니, 주상께서 말마다 더욱 대로하시어 이르시기를,
"저놈이 지독하게 독살을 부리니 바삐 화형에 처하라."
하시었다.
　시뻘겋게 단 숯을 응교의 곁에 피우되 미처 부채를 찾지 못하여 나장
의 옷자락으로 부쳐 불기운이 좌우로 쬐니 시위한 사람이 낯이 뜨거워
견디지 못하였더라. 쇠를 불에다 달구어 지지며,
"네 이제도 자백을 하지 않느뇨?"
하시자, 응교 고쳐 앉아 전교를 듣잡고 대답하여 아뢰되,
"의신이 부동하온 일이 없사오니, 어찌 부동하였다는 자백을 하오리
까?"
하자 주상께서 더욱 대로하시어 이르시기를,
"독하고 독하다."
하오시고 팔을 뽑내시며,
"급히 화형에 처하되 큰 나무에 높이 매달고 무릎에서부터 온몸을 지

지라."

하오시니, 기둥 같은 나무를 박고 엄지발가락을 노끈으로 동여매고 머리를 풀어 헤쳐 아래 감아 매어 거꾸로 매달고 아래가 여섯 치나 뜨게 달아 매었으니 진실로 다른 사람 같으면 기겁을 하여 말하기가 어려울 듯하건만 정신을 더욱 가다듬어 편안하고 고요히 아뢰어 가로되,

　"의신이 듣자오니 압슬, 화형은 역적 물으실 적에 쓰는 형벌이라 하
　오니 의신이 무슨 역적의 죄가 있사오니까?"

하자, 주상께서 더욱 화를 내시며 이르시기를,

　"너의 죄는 역적보다 더하니라."

하시는데, 나장이 바지를 추스리려고 하니 상감이 이르시기를,

　"해지고 살이 난 쪽을 못 지질까?"

하시는데, 급하기가 번개와 같고 위엄이 뇌성 같으시니, 미처 바지를 벗기지 못한 대로 찢고 벗겨 쇠를 불같이 달구어 낮에 쏘이고 기둥에 스쳐 연기가 풀풀 이는 모습은 차마 눈뜨고 보기가 어려울 지경이더라.

　쇠를 둘씩 달궈 지지기를 한 때에 열세 번씩 하여 전후 남은 살이 다 녹아 무릎까지 다 남은 데가 없으니 검기가 숯덩이 같으되 사기자약하여 말씀을 더욱 명백 정당히 하며, 아프다 소리 한번 아니하고 눈도 찡그리지 아니하니 좌우에 호위한 사람들이 다 떨며 안절부절못하다가도, 응교를 내려 밀어 보면 잠깐 진정하곤 하는 것이더라.

　주상께서 이르시기를,

　"이제도 부동한 사실을 자백하지 아니하느뇨?"

하시자, 대답하여 말하기를,

　"의신이 이제 이렇듯 뜻을 고쳐 거짓 자백은 못하리로소이다."

하자, 주상께서 이르시기를,

　"네가 상소한 사실 하나만 인정하고 다른 부동한 일들은 자백하지 아

니하니, 무수히 지졌지만 그래야 마땅하도다."

하시니, 이에 대답하여 말하기를,

　"의신 의절이라 하오니 의신이 오늘날 신하로서의 예를 다하려 하옴 이니 무슨 다른 자백을 하라고 하시나이까? 의신이 다만 십 년을 경 락(서울) 출입을 하되 나라에 은혜를 갚지 못하였더니, 오늘날 전하께 이런 실덕을 하오니 이것이 신의 죄이지 달리는 죄 있사올 일이 없을 까 하나이다."

하자, 주상께서 더욱 노하여 사관더러 이르시기를,

　"태보의 그런 말을 쓰지 말라. 인간으로 저렇게 강하고 독한 놈이 어 디 있으리요. 저렇거든 날더러 참혹하다고 욕을 아니할까? 사납기가 범보다 백배나 더하도다."

하는 말씀을 열 번이나 더 하시었다 하더라.

　"화형은 무릎과 온몸을 다 지지라."

하시자, 우의정 김덕원이 한참 머뭇거리다가 여쭈되,

　"화형이 본디 할 곳이 있으니 이리하시면 특별하온 법이 되리이다."

하자, 주상께서 말씀하시기를,

　"그렇거든 역적 다스리는 화형 규칙대로 하라."

하시니, 고쳐서 발뒤축을 지지니 주상께서 이르시기를

　"어이 발뒤축만 지지리요. 옆과 바닥을 다 지지라."

하시니, 비로소 어디라고 정치 못하여 바닥·옆 할 것이 없이 마구 시 꺼멓게 지졌더라.

　그러나 응교는 안색을 조금도 변치 않고 정신이 조금도 흩어지지 않 아 말이 조리 있어 조금도 본래의 의로운 마음을 잃지 않더라.

　주상께서 소리를 높여 이르시되,

　"이놈, 네 정 이러하기냐? 유현이 상소문을 모르노라 하니 진정 모르느냐?"

하고 물으시자 응교 대답하기를,

　"유현이 제 어찌 상소하는 것을 모르오리까마는 그 때 병이 대단히 중하길래 들어오지 못하여 제 자식을 시켜 이름을 대신 적게 하였사오니 상소 글이야 어찌 보았사오리까?"

하자, 주상께서 말씀하시기를,

　"이세화는 너와 같이 글을 지었노라 하니 옳으냐?"

하고 물으시자 대답하여 가로되,

　"글을 지어서 쓰기를 의신이 하였사오니 세화는 의신을 구하여 살리려고 제가 하였노라 하였사오이다. 이로써 의인이 살기를 얻었다 하나이다."

하니, 주상께서 이르시기를,

　"네 마음에 부동한 사실을 말하려 하지 않는구나."

하시자 대답하여 아뢰되,

　"신을 죽이고자 하오면 바로 내어 베실 것이지 억지로 자백을 구하려고 하시나이까? 신이 보오니 전하께서 지나치게 기운을 쓰시어 밤이 새도록 격노하시오니, 예사 성만 내셔도 기운이 손상하는 것이온데 옥체 상하시는가 염려되옵나이다. 아무리 자백을 받으려고 해도 신의 마음이 임군을 속여 거짓 자백은 못 드리겠나이다."

하고 다시금 우러러 아뢰되,

　"신이 죽어 지하에 간들 형벌 못 견디어 거짓 자백하온 귀신이 되어 무리에서 홀로 떠돌게 되면 어이 부끄럽지 아니하겠나이까? 신의 어미 나이 일흔이 넘삽고 생부 나이 예순 하나이오니 오늘 다시 보지 못하고 죽으면 그 정세 망극하겠거니와, 오늘날 죽기를 정하와 벌써 나라에 몸을 맡겼으니 어찌 사사로운 정을 돌아보리이까? 죽이시겠거든 빨리 하소서. 다만 신은 죽어도 옳은 귀신이 될 것이오니 한이 없사오리다. 전하께서 어이 이런 행동을 하셔 국가 흥망이 이에 판가름되고 군권의 누덕이 되는 줄 모르시나이까? 중궁이 본디 세자 아니 계심으로 민망히 여기사 상감께 후궁을 가까이하시기를 권하시온 바인즉, 오늘날 원자 나오신 후 어찌 싫다 하실 까닭이 있사오리까? 이 절연 침윤지참(차차 젖어서 번지는 것과 같이 조금씩 오래 두고 하는 참소의 말. 침윤지언)을 들으시고 이런 무고한 죄를 씌우시니, 신이 살아서 간하여 구하지 못할망정 차라리 죽어서 모르고자 하나이다. 이제 신의 마음에 품고 있는 바를 다 아뢰었으니 빨리 죽여 주소서."

하고 두 눈을 감고 아무리 물어도 한 마디도 하지 아니하니, 주상께서 손을 두드리시며 이르시기를,

"일정 판의금(판의금 부사. 조선조 의금부의 으뜸 벼슬로, 종 1품임) 이손 조는 내려가서 자백을 받지 못할까?"

하시니, 이손조 온몸을 떨며 내려와 소리를 이루지 못하며 말하되,

"죄인은 어서 자백하라."

하니, 응교 감았던 두 눈을 무섭게 부릅뜨고 흘겨보며 소리를 고래고래 질러 말하기를,

"여보소, 나에게 무슨 자백을 하라고 핍박하느뇨? 난신적자(나라를 어지럽히는 신하와 불효·불충한 무리)가 국록만 허비하고 임군을 어진 일로 모시지 못하고 아유첨녕(간사하게 아첨하고 비위를 맞춤)하느냐? 무고한 국모를 폐출함을 당연한 일로 알고 오히려 나를 꾸짖으니, 짐승보다도 못한 인간이로다. 나는 죽어도 옳은 귀신의 무리에 끼이려니와 너희는 살았음에도 국적이요 죽으면 더러운 귀신 되고 앙화가 자손에게 미치리라."

하니, 민암(이손조의 아호인 듯함)이 무료하여 올라가 여쭈되,

"아무리 지져도 자백할 의사가 없는 것으로 아옵나이다."

하자, 주상께서 나장을 속이고자 하여 말씀하시기를,

"미련한 놈이로다, 자백을 하면 놓아 줄 것을."

하시니, 응교 이 말씀을 듣고 말하기를,

"전하, 신을 속여서 무엇 하시리이까?"

하였다.

화형을 여러 차례 하니 다리가 다 벗어지고 힘줄이 오그라들어 보기에 참혹한 지경이라 상감께서 오래 보심을 아니꼽게 여기사 이에 대전으로 들어가시며,

"다시 내병조(조선조 때 궁중에서 시위·의장에 관한 사무들 맡아보던, 병조에 딸린 관아)로 내라."

하시고 무감더러 이르시되,

"일찍이 흉역 박태보의 지독함을 알았거니와 그토록 하니 완악하기 이를 데 없도다."

하시었다. 모든 나장이 한꺼번에 달려들어 풀어 옥에 가두고자 하여 맨것을 푸니 그제야 숨을 길게 쉬고 말하는데 목이 타 거의 죽게 되었더니, 자비문 서원(조선조 때 서리 없는 관아에 둔 벼슬아치)이 어디 가서 찬물을 한 사발 갖다가 입에다 부어 넣어 주니 비로소 눈을 뜨고 서원의 성명이 무엇이냐고 묻는 것이더라.

중인들에게 맡겨 내병조에 가서 다시 또 형벌을 주니, 수형한 것이 형문 삼차에 볼기 맞은 것이 이십 번이요, 압술 이차에 화형 이차로되 사람들은 공연히 허튼 수효를 댄 줄로 알고 믿으려 하지 않았다 하더라.

등소제인 이문, 이에 대죄하더니 응교의 중형 헤이는 소리 들림에, 응교도 저러하니 자기도 죽을 양으로 작정하고 가슴을 두드려 통곡해 마

지않더란다.

　추국을 마치고 병조에 나와 그 다리를 싸맬 것이 없어,

　"박 죄인의 다리 쌀 것을 들여오라."

하니, 김종신, 조제수, 이인엽이 옷자락을 잘라 들여보내나 모자라는 터라 응교가 말하기를,

　"내 도포 소매로 싸라."

하고 낱낱이 기거(두 다리를 뻗고 기대앉음)를 하여 싸매고 부채를 내어주며,

　"이것이 걸려 좋지 않으니 내 집으로 보내소."

하였다. 이에 금부에 가두려고 호송해 가는 길에 창과 조총 가진 군사가 옹호하여 가거늘, 종질 되는 박칠순이 군사를 헤치고 달려들어 덮은 홑이불을 들추고 그 손을 잡고 말하되,

"아저씨, 참 장하옵니다. 전후 일이 어떻게 될지 모르오니 진정하소서."

하니,

　"내 마음은 조금도 흔들림이 없도다."

하고 대답했다 하더라.

　금부에 드나 그 부친이 교외에 있다가 갑자기 추국을 하시므로 미처 보지 못하여 금부 밖 의막에 기다리고 있다가 그 아들이 살았음을 듣고 정신과 기운이 어떤가 알고자 하여,

　"쓸 것이 뭣이고 있거든 글자나 적어 보내라."

하는 전갈이 왔으나, 응교 이에 대답하여 이르되,

　"역적 다스리는 법으로 하였다 하오니, 밖으로 숙여 논하기 미안하여 못하노라."

하더라.

　다음 날 다시 추국을 할 터이나 영상 권대운(1612~1699년. 숙종 15년

에 영의정이 됨)이 상감께 아뢰기를,

"태보의 죄 만번 죽어 마땅하오나, 또다시 치기는 너무 참혹하오니 그만 하소서."

하니, 이에 상감께서는,

"절도에 위리안치(죄인을 유배지에서 달아나지 못하도록 가시로 울타리를 만들고 그 안에 가두어 둠)하라."

하는 어명을 내리시더라.

응교, 부친께 글월을 적어 올려 하였으되,

자는 혹형을 겹쳐 입었으나 오히려 살았으니, 하늘의 은덕이 큰 줄 아나이다. 지금 증세는 다리가 붓고, 음식을 받아 통하니 이로 써 위로하소서. 유배지는 진도로 되나 봅니다.

하니, 문필이 조금도 줄지 않았고, 한편 옥졸들이 모두 말하기를,

"자고로 이런 형벌을 입고 옥문 밖으로 살아 나온 이 없습니다. 지금 살아 계시니 나으리 충성에 하늘이 감동하신 탓인가 하오."

하더라.

사월 열이렛날, 적소를 정하여 금부 문밖에 나서니 사람들이 그의 얼굴을 보고자 다투며 에워싸서 길을 나가기가 힘이 들 지경이었고, 응교는 무리 속에서 친한 친구의 얼굴들을 알아보고 손을 들어 사례를 하는 것이더라.

경중상하(서울 안의 높고 낮은 사람들)에 노소 할 것 없이 한결같이 충신의 얼굴을 살았을 때 보리라 하고 무수한 사람들이 모였으며, 혹 통곡하여 아껴함을 마지않더라.

응교의 목숨이 끊어지지 않았으나, 화열이 급하여 목숨이 경작에 있

을 듯하여 명여동 겻재에 잠깐 내려서 쉴 새 그 부친을 위로하여 말하되,

"마음을 진정하옵소서. 그런데 모친의 기운은 어떠하시나이까?"

하니 모든 사람들이 이르기를,

"날이 이미 저물었고 병이 저러하니 성중에서 밤을 지내고 내일 문밖으로 나가시오."

하고 소매를 붙잡고 만류하나,

"내 병이 비록 중하나 죄명이 더 중하고 오히려 목숨이 멀었는지라, 어이 감히 성중에서 잠시인들 머무르리요.

하고 말하더라.

날이 어둡기에 미처 남문으로 나오려 하는 길에 시정 사람들이 갓을 벗고 둥우리째 메고 가기를 다투어 말하되,

"이 양반 타신 틀을 멘다는 것은 영광스러운 일이다."

하고, 연하여 현토록 여럿이 메니 이제 인심도 오히려 귀함이 있음을 알겠더라.

남대문 밖에 부자 한데 모여서 정신을 차리니 그 모친이 나이 일흔이 넘고 어려서부터 기른 정이 기울어지나니 급히 나와서 아들을 보니, 온몸이 참혹하게 되어 아무리 보아도 살아날 것 같지 아니하매 그 젊은 나이가 서러워 실성하여 눈물을 거두지 못하니, 응교 불효를 슬피 여겨 위로하여 말하기를,

"오늘날 이렇게 살아서 어머님을 뵈옵게 된 것도 성은이라, 죽어도 한이 없겠나이다. 어머님께서는 깊이 서러워 마시고 불효의 죄가 더 크게 하지 마십시오."

하며, 정신은 또렷또렷해 보이나 더욱 화열이 올라 약간 진미음조차도 목에 넘기지 못하도록 증세가 더욱 악화되었으나, 먼 길을 떠나게 되었

으니 어떤 명의라도 고칠 길이 없으므로 보는 이마다 아니 서러워하는
이 없더라.

응교 말하되,

"내 아마도 살지 못할 줄 아오. 지금은 죽지 않았으므로 혹시 살아날
까 하여 길 떠날 차비를 차리라고 하였으니 가는 도중에 심심하여 보
겠으니 책을 준비하여 주시오."

하니, 그 부친이 이르기를,

"책을 준비한다는 것은 부질없는 일이니 하지 말라."

하므로, 보고 듣는 이 모두 참혹하게 여기더라.

병세가 날로 더하여 다음 날 길을 떠나지 못하여 문 밖에서 병을 보
아 가려고 하였더니 수일이 지나도 병이 더욱 중하고 왕명은 날로 급하
신지라, 머물러 있기가 미안하여 오월 초하룻날 강 건너 동막에 가서
병세 더욱 심하여 수시로 화열이 급히 막힘에 가지 못하여 머무르고 조
서를 차리게 하여 병세를 보아서 가려 한다고 아뢰니 비답이 더디다 하
시더라.

응교 스스로 가지 못할 줄 알고 온몸이 참혹하게 붓고 아픔이 심하
되, 양친이 계신 고로 침으로 화독을 씻어 내라 하고 좀 있다가 벗과 이
야기를 주고받는 것이더라.

그 종질이 나간 뒤 나랏일이 어찌 되었는고 묻기에 중궁이 기어이 쫓
겨나셨다고 하니 차탄하여 말하되 가엾으시다고 하는 것이더라.

그 벗들이 어떻게 구해 줄 수 없을까 애쓰며 불쌍히 여겨 병신이 될
지라도 살기를 바라더라.

그렇듯 고통을 당했으나 단 한번도 애매하게 형벌을 입었다고 나라를
원망하지 않고, 신하로서 당연히 할 일을 한 것으로 알아 그 충성이 진
실로 보기 드물어 가히 믿기가 어려울 지경이었더라.

옆의 사람이 거짓 웃고 말하되,

"타 죽으려다가 살면 적이 기특할까? 다리는 특히 단단하니 살리라."

하니, 이에 응교 대답하기를,

"성상은 살리려고 놓아 주셨으나 내 기운이 내붙지 못할까 싶고, 음
식을 하도 못 먹으니 산다는 건 황당한 일인 듯싶으이."

하고 희롱의 말로 대답하니 살이 날로 썩고 화열이 점점 중하여 정신이
때로 혼몽하여 일신이 축 꺼지니 별 도리가 있을 듯싶지 않더라.

점점 병이 중하여 정신이 가장 없으되 그 벗 최석정(1646~1715년. 조
선 숙종 때의 대신으로, 영의정을 여섯 번 지낸 명신) 나아가 보고 악수하고
곁에 머무르니, 응교 말하기를,

"어르신네 병환이 어떠신고?"

하여, 어전에서 관찰사, 어사들이 상감께 글을 올리어, 태보의 화상을
평안도 화사 조세걸에게 맡겨 주옵소서 하니, 상감께서 마지못하여 그
리 하라시기에 평안 부사 유주인이 응교 죽던 날 아침에 가 보니 응교
가 이르기를,

"평산이 조세걸 있는 데서 가깝고 왕래하기 쉬우니 나의 화상을 쉬
낫게 해 주고자 하는 뜻을 영숙은 부디 칙렵하여 수이 통하고……."

하며 운운하니, 그 때까지도 그 정신이 멀쩡하더라.

오월 초닷샛날 병이 더 극함에 죽을 줄 알고 밤에 곁에 있는 사람더
러 이르기를,

"내 아무래도 살지 못할 줄 이미 알고 있었으나, 양 노친을 위하여 현
약을 받고 화열을 막아 발을 놀리더니, 이제 점점 병이 중하고 이내
부어 비록 배고픈 줄 아나 진미를 알지 못하고 식사를 하지 못한 지
여러 때니 이제 죽을 줄 아니 공연히 괴로이 할 것이 아니라 이것들
을 다 치우소."

하며 이제까지 다리를 매었던 것을 떼어 놓고 새 자리를 가져오게 하여 펴고 누워, 그날 밤에 아버지를 청하여 사뢰되,

"국청에 갔던 전후 사연은 제가 아니 여쭈면 자세히 알지 못하실 것이오니, 처음부터 끝까지 아뢰오리다."

하고, 자초지종을 몇 마디 이야기하거늘 박 공이 말하기를,

"네 기운이 참혹하였고나. 네 아니 하여도 들은 이 많아 자연히 알게 될 것이니 다른 할 말이나 있거든 하라."

응교 대답하되,

"부친의 비명 짓던 글이 좋사오니, 두어 자 빠진 것은 전에 여쭙던 대로 하여 쓰십시오."

하니 그 양부의 비명을 박 부제학이 지었더니, 그 말을 가리킴이더라.

또 이어 말하기를

"형님 행장을 죄다 지었으되, 혹 빠진 것이 있어도 감사 형님(박태상을 일컬음)과 의논하여 극진히 하여 쓰시고, 자의 뒤 이을 아들은 다음 형제 중 자라는 대로 정하소서."

하니, 다음 형제란 박태유의 아들들을 말함이더라. 또 말하기를,

"자의 산소는 금노 땅에 자의 정한 혈처가 있사오니, 그 혈을 혹 금할 리 있사오나 언약하였으니 부디 얻어 쓰시고 그를 두고는 부디 금노 땅에 쓰셔 부친의 산소 외로운 고혼이 되지 않게 하여 주소서."

하니, 금노 양부 산소를 이름이더라.

이에 양보를 나오소서 하니 대부인이 부인을 데리고 내닫는지라, 응교 말하기를,

"이제 모친 보시는 앞에서 죽사오니 불효막대하오나 이것도 운명이니 모친은 너무 서러워 마시고 마음을 진정하소서. 자의 후사는 다음의 형제 중에서 나올 것이옵니다."

하니, 대부인 흐느껴 울며 차마 그 정상을 보지 못하여 하더라. 이에 대부인이 안으로 들어가고 모든 친구들이 응교더러 이르되,

"우리한테는 할 말이 없는가?"

"무슨 낱낱이 할 말이 있을꼬?"

하고 잠깐 눈을 감았다가 이르되,

"형부 왔는가?"

두세 번 물으니 이는 그 대인의 큰사위를 말함이라.

그 매부인 제민이 이르되,

"자넨 평생 행실이 하나도 부끄러움이 없네그려."

하니 응교 가로되,

"사람이 일생을 통해 부끄러운 일이 조금도 없기 쉬울까? 다만 대단한 부끄러움 없는가 모를 일이세."

하니, 대답하여 이르되,

"육신 부모 곁에 있음에 대하여 서로 부끄럽지 않으리라."

하자, 응교 말하되,

"젊은 사람이 어이 그런 말을 하는고?"

하였다. 그의 종질 서통 진시학이 이르되,

"통진서 올라올 때, 길에서 추국하는 것을 들었던 사람을 만나 들으니 억울한 죄도 너무 골똘히 하고, 여럿이 상소했으니 혼자서 담당할 일이 아니나 혼자 당한 것이 분하다 하니, 그 말이 옳은가? 이대도록 참형을 입어 죽기에 이르렀는고?"

하고 물으니, 응교 두 눈을 감았다가 고개를 들어 이르되,

"누가 그런 말을 하던가? 무슨 당연한 말도 하던가? 그러면 최석정, 이돈이에게로 미루라고 하던가? 최석정, 이돈이는 이 상소를 지어 왔으되 말의 뜻이 모호하여 내 고쳐 써서 하였거든 어이 남에게 미루

며, 그리 알았던들 그 때를 당하여 남에게 죄를 지워 무엇하리요?"
하며 무상한 말로 하듯 시인하여 국청에서 하던 말을 이르나 화독이 오름에 침이 말라 말이 끊어지려고 하니, 서통이,

"천천히 듣겠네."
하니, 그만하여 그치더라.

이튿날, 대부인이 다시 나와 보니 응교 두 눈을 감았다가 떠 보기를 세 번을 하다 오래 눈을 감았다가 여쭈되,

"모친께 다시 아뢸 말씀이 각별히 없거니와, 아마도 길이 편안하소서."
하며 두려워하고 근심하는 빛이 많더라.

그 부인이 대부인 곁에 와서 우니 응교 두 눈을 감았다가 다시 떠 보고 이르되,

"죽은 뒤에 어머님은 오직 그대만을 의지할 것이오. 하물며 내 후사는 그대 죽으면 더 어려울 것이니 지나치게 근심하여 마음과 몸이 너무 수척하지 않도록 하시오. 내 이제 죽겠으니 그대는 들어가라."
하나, 부인이 울고 머뭇거리니 고개를 들어 꾸짖어 가로되,

"남자 죽음에 부인이 곁에 앉지 않는 법이니 들어가라."
하고 조카더러,

"모셔 들어가라."
하더라.

그 부친이 이르되 또 무슨 할 말이 있느냐 물으니,

"다른 말씀은 구태여 드릴 말씀이 없사오나, 무준이 나이 자랐으되 글이 미진하니 부디 힘써 가르치소서."
하니, 그 부친이 이르기를,

"어이 너를 살리기를 바라리요마는, 오히려 지금 살았으니 천행으로

살려나 보다 했더니 이제는 살지 못하겠으니 이도 천세라, 죽음이나 조용히 맞으라.”

하시자, 응교 대답하되,

“죽음은 조용히 하리이다.”

하니, 그 부인이 차마 보지 못하여 나가서 오열비읍하니 응교 탄식하고 매부더러 말하기를,

“내 친히 부친께 사뢰려 하였더니 참혹히 여기심을 망극히 여겨 못 하였더니, 우리 형제 다 안진에서 참경을 보시게 하니 차마 어이 하리요. 지나치게 상심치 마시라고 여쭙고 치상은 내 평생에 물든 것을 입지 않았던 바요 또 죄인으로서 죽으니 부디 제상을 죄인과 같이 검박히 하소서 여쭙소.”

하더라.

점점 담이 끊어오름에 응교 말하기를,

“왜 이다지도 괴로운고.”

하고 울며 말하더니, 오월 단오일 사이에 병석에 누워 숨을 거두니 진정 슬픈 일이 아닐 수 없도다.

자고 이래로 충신 열사 원통히 죽은 이 많지만 태보의 정충지절은 고금에 뛰어났으니, 그 거룩한 이름이 금석에 새겨 전해 내려오니 어찌 죽었다 하리요마는, 칠십이 넘은 생가와 양가에 부모가 계시니 극히 참혹하고, 태보의 죽음을 듣고 장안에 사는 어느 사서인(사대부와 서인)치고 아니 우는 이가 없고 간신 노릇하기도 참으로 어려운 일이라고 탄식하고 한탄 않는 이 없더라.

이 때 후께선 부원군 상사 뒤에 지나치게 애통해하신 나머지 옥체 종종 편찮으시더니, 좌우에 모시고 있는 상궁이 이 말씀을 듣고 대성통읍하여 빨리 들어와 후께 아뢰오니, 후께서 안색을 하나도 변치 않으신

채 크게 탄식하여 이르시기를,

"또한 천수로다. 누구를 원망하리요. 그대들은 모두 수구여병(비밀을 잘 지켜서 남에게 알리지 아니함)하라."

하시고, 조금도 마음에 흔들림이 없으시더라. 명안 공주 이 변을 들으시고 여러 고모 대장 공주와 함께 크게 놀라 급히 입궐하여 주상께 조현하고 후의 숙덕선행과 참언이 간사한 것이라 밝히고 대왕대비께서 사랑하시던 바를 아뢰어 눈물이 좌석에 떨어지고 간언이 지극하고 통언(따끔한 직언이 격렬)하나 주상께서 통 윤허하지 않으시어 공주들이 주상의 뜻을 보니 능히 하릴없어 탄식하고 물러 나오는 수밖에 없더라.

후께 뵈옵고 오열비탄하여 옷을 잡고 흐느껴 우시며 능히 말씀을 이루지 못하니 후께서 탄식하고 위로하여 말씀하시되,

"화와 복이 하늘의 뜻에 달려 있으니 나의 복이 없고 천한 탓이라. 다만 어명대로 받들어 모실 따름이니, 누구를 원망하리요마는, 공주 이렇듯 권련(간절히 생각하여 그리워함. 불쌍히 여김)하시니 은혜 잊을 길이 없소이다."

하시었다.

공주 그 덕망을 새삼 탄복하고, 뜬구름이 잠시 성총을 가렸으나 성상이 현명하오시니 오래지 않아 깨닫고 뉘우치실 것이라 일컫고, 차마 놓지 못하여 후를 붙들고 눈물이 비오듯 하니 무수한 궁녀가 다 울고 차마 떠나지 못하더니, 상감의 마음 불안해하실 줄 알고 인하여 궁을 나서시니, 이튿날 감찰상궁이 상명을 받자와 침전에 이르러 중궁께 하는 전교를 아뢰니, 후 아무렇지도 않은 듯 일어나서 예복을 벗고 관잠(관과 비녀)을 끄르시고 중계에 내려오셔서 전교를 듣잡고 즉시 궁궐을 떠나 본곁(비또는 빈의 친정)으로 나오실 새 궁중이 통곡하여 곡성이 낭자하더라.

주상께서 그 곡성을 들으시고 크게 노하시어 궁녀들을 궁중에 그 허

물을 기록해 두게 하고, 급히 하교하시어,

"빨리 나가시라."

하니, 입아조(이씨 조선에 들어옴)하여 일찍이 이런 예절이 없던 고로 미리 대령한 일이 없는 터라 급히 기별하여 본곁(비나 빈의 친정)으로부터 탈 것을 들이라 하였더니, 이 때 궁녀들이 모두 권세를 따르고 주상의 은총을 구하는 터이라 후의 행세 외로움을 보고 업신여기어 언어가 방자하고 행동이 교만하여 조금도 동정하는 빛이 없고 그것 보라는 듯이 좋아라 날뛰니, 후 짐짓 모른 체하시고 좌우에 뫼시던 궁녀들은 속으로는 주상의 처사를 마땅치 않게 여기나 죄를 받을까 두려워하는 나머지 감히 말을 못 하고 구석구석 머리를 모아 소리를 죽여 울며 몹시 서러워할 따름이니라.

한 궁녀가 장씨(장 희빈을 일컬음)의 가르침을 들은 고로 달려와 옷을 뒤지려 하거늘, 후께서 문득 태연히 웃으시고 옷을 끌러 보이시며 두 눈으로 궁녀를 흘겨보시니 맑은 광채 햇빛과 같으시니 사람의 오장을 꿰뚫는 듯, 말씀은 아니하시나 엄한 기상이 추상 같으시니 궁녀 스스로 부끄러운 마음이 들고 송연하여 고개를 숙이고 물러나니 좌우 더욱 어렵게 여기더라.

주상의 노하심이 급급하사 나가심을 재촉하시니 본곁에 사람이 빨리 가 가마를 들이라 하니 빠르기 성화 같은지라. 이 때 본곁 식구들은 모두 새문 밖 애오개(지금의 아현동)로 나가고 부인네들만 몇 명 남아 있더니, 미처 가마를 꾸미지 못하여 벌써 요금문(창덕궁 북문의 하나)까지 나오셨다는 말이 들리니 황황급급하여 여느 가마 위에 흰 명주보를 덮어 들어가니, 후 벌써 경복당(창덕궁 경복전을 일컬음) 앞에 나려 걸어오시는지라, 흔연히 가마 위에 올라 요금문으로 나실 때, 궁녀 칠팔 인이 통곡하며 걸어서 뒤를 쫓으니 보좌하던 사람들이 일시에 따라오며 소리하여 통곡하니 행색이 처량하고 수심에 찬 기색이 둘렀으니 천지 또한 흐려 슬픔을 아는지라, 이 참담한 모습을 어찌 다 형용할 수 있을까 보냐.

선비 오십여 명이 요금문 앞에 대령하였고 백여 명은 구화문(창덕궁의 정문인 돈화문인 듯함) 앞에 엎디어 상소를 드리고 소리높여 우니, 후의 출궁하심을 보고 대경망극하여 미처 신을 신지 못한 채 버선발로 따라와 모여 일시에 방성대곡하니, 선비 이백여 명은 안동(지금의 안국동)본겉 문 밖까지 따라와 우니 천지가 진동하고, 백성들은 남녀노소 할 것 없이 길을 막고 통곡하여 각전 시정이 다 저자를 파하고 서러워하니 초목금수들이 다 서러워 수심 띤 구름이 하늘에 가득하고, 햇빛이 빛을 잃더라.

이 때 주상께선 궁중에서 이 말을 들으셨으나 성총이 막혀서 도리어 인심을 통탄하시고, 선비 상소한 자 수상 인을 잡아 엄형추문하시고 정배하시니라.

후 본겉으로 나오시니 부부인(인현왕후의 어머니)이 마주 나오시어 붙들고 통곡하시니, 후도 부원군 옛 자취를 느끼사 애원 통곡하시고 이윽고 부부인께 고하여 이르시되,

"죄인의 몸으로 친족을 보니 편안치 못하니 나가소서."

하고 권하시니, 부인과 다른 부인네들도 통곡하여 마지못해 애오개로 나가신 후, 그 날로 명하사 안팎 문들을 모두 봉쇄하고 본겉 비복들은 한 사람도 두지 않으시고 다만 궁녀만 두시고, 대청을 폐하시고 아래채에 거처하시니 궁녀들은 본겉에서 들어간 궁인이요 삼인은 궐내의 궁인으로서 죽기를 무릅쓰고 나온지라, 후 가라사대,

"네 본디 궁중 시녀라, 어찌 외람히 거느리리요. 들어가라."

하시나, 삼인이 머리를 두드려 울며 대답하여 아뢰기를,

"신첩 등이 낭랑(인현왕후를 일컬음)의 성은을 갚삽지 못하오리니 어찌

일시인들 슬하를 떠날 리 있겠사오리까? 낭랑을 따라 죽으리로소이
다."

하니, 후 그 정성에 감동하시어 그냥 내버려 두시니 집은 크고 사람은
적어 각 방이 다 비어 출입을 막고 휘휘 고적하여 인적이 끊겼으니, 금
궐옥전의 번화부귀만을 보아 오다가 슬프고 한심함을 이기지 못하나 괴
로운 줄 생각지 않고, 후를 지성으로 모시고 슬퍼 매양 서로 대하여 탄
식하며 흐느껴 울다가도 후의 천연정숙하신 모습을 뵈오면 감히 슬픈
사색을 내지 못하곤 하더라.

이 때 후의 삼촌 되시는 좌의정 민공(민정중)이 찬적(파면하여 귀양 보
냄)을 당하시고, 다섯 종형제 모두 멀리 정배당하여 애오개 집에 부인네
만 있으니 조석 수라를 안동으로 나르는 터라, 칠팔일이 지난 뒤 후께
서 좌우더러 이르시기를,

"식반을 먼 데서 나르기 어려우니 차후로는 마른 식품으로 받아들이
라."

하시어, 궁중에서 하여 드리나 하루에 한 끼도 잡숫지 못하시니 좌우
더욱 애닯게 울고 조카님네 친족들이 문 밖에서 찾아오되 보지 않으시
고 또한 오지 말라 하오시니 감히 찾아가 뵙지도 못하더라.

이럭저럭 하는 동안에 추칠월(음력 칠월의 가을철을 일컬음)을 당하여
본곁에서 송이를 들여 오거늘 후께서 보시고 근심스레 안색을 변하시고
옥루를 흘리시니, 궁녀 꿇어 묻자오되,

"낭랑이 웬만한 어려운 일을 당하셔도 태연하시더니 오늘날 새로이
서러워하심은 어인 일이니이까?"

하니, 후 눈물을 흘리며 말씀하시기를,

"내 이리 죄를 얻었으나 백옥무하(아무런 흠이 없는 사람을 일컬음)하니
시운만 한탄할 뿐 무엇을 서러워하리요마는, 내 대대에 있을 때 본곁

에 기별하여 송이를 무역하여 들이면 양대비전에서 즐겨 진어(왕족의
입고 먹는 일의 존칭어)하시던 고로 위하여 수라에 쓰더니, 오늘날 송
이를 보니 마음이 저절로 느껍고 비창하도다."
하고 말씀하심에 따라 눈물을 흘리시니 좌우가 모두 흐느껴 울고 우러
러뵙지를 못하니라.

창호와 사벽을 바르지 않으시고 넓은 동산과 집의 풀을 매게 아니하
니 사람 한 길만큼 자라 인적이 끊겼으니, 귀신과 망령이 저물면 예사
사람과 같이 다니니 궁인이 움직이지 못하고 두려워하더니, 하루는 난
데없는 큰 개 한 마리가 들어오니 모양이 추한지라, 궁인들이 쫓으되
또 들어오고 다시 쫓으되 또 들어오니 후께서 이르시기를,

"그 개 출처 없이 들어와 쫓아도 가지 않으니 이상한지라, 내버려 두
어 그 하는 양을 보라."
하시어, 궁인들이 밥 먹이며 두었더니 십여일 뒤 새끼 셋을 낳으니 가
장 크고 모진지라, 이후는 날이 저물어 망령의 불과 도깨비의 자취 있
으면 네 마리의 개가 함께 짖으니 잡귀 급히 물러나가 종적을 감추니
그로 인하여 집안이 편안한지라. 무지한 짐승도 도움이 있거든 하물며
신민을 잊으랴만, 후 폐출하신 뒤라 조정에선 기뻐하는 소인이 많으니
도리어 금수만 못하리로다.

후 집안에 가만히 앉아 계셔 하시는 바 없으시나 매양 급한 풍우에
뇌성을 두려워하시어 뜰에 계시다가도 빨리 방 안으로 들어가시곤 하시
더라.

날마다 적적함을 이기지 못하시어 오라버님 민정자(민진후. 민유중의
장남으로, 승지·대사간 등을 역임하고 개성 부유수로 죽음) 딸이 여덟 살이
라 데려다가 두시고, 《소학과 열녀전》을 가르치시고 여공방적을 가르쳐
소일하시고, 신세 구차하고 쓸쓸하시되 일찍이 사람을 탓하고 귀신을

원망하는 바 없이 천연자약하시니 좌우가 더욱 마음속으로 탄복해 마지 않았더라.

부원군의 삼년상을 아침에 후께서 더욱 애처롭게 서러워하시어 옥체가 자주 편찮으시었다. 본곁에서 색깔 있는 옷을 들여 오되 받지 아니하시고 이르시기를,

"죄인이 어찌 채복을 입으리요. 무명으로 옷과 이불을 만들도록 하라."

하시어, 무명 치마와 순색 저고리를 들여 오니 입으시고 보물과 맛난 반찬을 가까이 아니하시더라.

이보다 앞서 상께서 민후를 폐출하시고 희빈 장씨를 왕비로 책봉하여 곤위에 오르게 되어 궁중이 조하를 받게 하니, 궁내에 있는 모든 사람들이 궁중이 이렇듯이 됨을 서러워하고 장씨의 참혹한 처사를 분하게 생각하되 조정 안에 어진 사람이 없으니 누가 감히 말을 하리요.

그윽히 원문을 품고 눈물을 머금고 조하를 마치니, 희빈의 아비로 옥산부원군을 봉하고 빈의 오라비 장희재로 훈련대장을 시키시니 나라 백성들이 모두 한심하게 여기고 기강이 흩어져 팔도의 인심이 어지러워 별별 소문이 다 도니, 대개 예로부터 성제명왕이라도 한번은 참소하는 말을 귀담아듣기가 쉬운 법이거니와, 숙종 대왕과 같은 문무를 겸하신 어진 임금으로도 장씨에게 이대도록 하사 국가의 체면을 손상하심은 실로 뜻밖의 일이 아닐 수 없더라. 이듬해 경오년(숙종 16년, 1690)에 장씨의 생자로서 왕세자를 책봉하시니 장씨 거만해져 방약무인하니, 이러므로 발악을 일삼아 비빈을 절제하고 궁녀를 엄행하며 포악한 말과 교만한 행실은 말로 다 할 수 없더라.

궁중에 기강이 없어지고 원망이 하늘을 찌르는 터라, 장희재 욕심이 많고 고약하여 팔도에서 재물을 긁어들이나 말할 이가 아무도 없더라.

이렇듯 삼사 년이 지나니 천운이 돌고 돌아 흥진비래에 고진감래라, 뜬구름들이 점점 걷힘에 태양이 다시 밝아 오니, 성총이 깨달음이 계시어 민후의 억울하심을 알고 장 희빈의 요음간악함을 깨치시어 의심이 가득하시니 대하시는 기색이 전과 다르시고, 서인들이 후의 삼촌 숙질을 다 처벌하시라고 날마다 아뢰기를 수년에 이르렀으나 상감께서 마침내 불윤하시니, 이럼으로써 민씨 일문이 보존되었더라.

장씨 적이 상의를 스치고('상상하고, 생각하고'의 옛말) 크게 두려워 오라비 희재로 더불어 꾀하여 갑술년(숙종 20년, 1694)에 묵은 옥사(숙종 6년 경술에, 당시의 영상인 허적의 서자 허견이 복선군을 끼고 역모한다고 서인 김석주, 김만기 등이 고발하여 남인 일파를 몰아 낸 사건. 일명 경신출척)를 다시 일으켜 어진 이를 다 죽이고 폐비에게 사약하려고 하니 변이 크게 나매 주상께서 짐짓 그 하는 양을 보시고 궁중 기색을 살피사 망연히 간사한 무리의 흉계를 깨달으시어 즉일에 당장 국유를 뒤치시니, 영신(간사하고 아첨하는 신하)들을 다 물리치시고 옛 신하들을 불러 쓰실새 갑술년 삼월에 대전별감(임금을 직접 모시는 직책으로, 궁중의 액정서에 소속됨)이 세 번이나 안동 본곁 궁을 둘러보고 들어가더니, 사월 초아흐렛날에 비망기를 내리시어 폐하신 중궁의 무죄하심을 밝히시고 별궁으로 모시라 하시고, 어찰을 내리사 상궁별감(상궁들의 심부름을 하던 벼슬)과 중사(궁중에서 왕명을 전하는 내시)를 보내시니 후께서 사양하여 이르시기를,

"죄인이 어찌 외인을 인접하여 감히 어찰을 받으리요."
하시고 문을 열지 않으시니, 삼일 동안 별감이 문 밖에서 밤을 세우고 문 열어 주시기를 청하되 마침내 요동치 않으시니, 이대로 아뢰니 주상께서 어렵게 여기시고 또한 답답하시어 예조당상(예조의 정 3품 벼슬)으로 문 열기를 청하게 하나 종시 허락치 않으시니 예조와 승지, 국체 그

렇지 않음을 아뢰되 듣지 아니하시는 고로 상께서 민부에 엄지를 내리시어,

"이는 임군을 원망하는 일이라, 빨리 문을 열게 하라."

하시니 민부에서 황공하여 서간을 올려 수없이 간하되 종시 열지 않으시는 고로, 또 수일 후에 이품 벼슬하는 신하를 보내시어 '문을 여소서' 하니 중신이 말씀을 아뢰되 사체 그리 못하실 줄로 누누이 밝히고 문 여실 것을 청하니, 후 궁녀를 시켜 전하여 이르시기를,

"죄인이 천은을 입어 일명이 살았은즉 이 집이 죄인의 뼈를 감출 곳이라, 어찌 국명을 받자오며 번화히 사람을 인접하리요. 사명이 여러 번 내리시니 더욱 불안하여이다."

하시자, 사관이 절하여 명을 받들어 재삼 간청하여 민부에 두 번 엄지를 내리시니 큰오라버님 되시는 판서 민 공이 황송하여 후께 간절히 권하니 겨우,

"바깥문만 열라."

하시고, 사월 스무하룻날에야 비로소 대문을 여니 초목이 무성하여 사람의 키와 같은지라, 주상의 명으로 군사들로 하여 풀을 베며 들어가니 풀, 이끼 섬돌 위에 가득하고 먼지와 창호를 분별치 못하니 사관이 탄식하여 눈물을 흘리더라.

외당을 깨끗이 치우고 사관과 군사들이 들어앉으니 쓸쓸하던 집이 일시에 번화해지니, 궁인들이 문틈으로 보고 한편 기쁘고 한편 슬퍼서 눈물을 흘리며 즐겨 하나 후는 조금도 기쁜 사색이 없으시고 오히려 불안히 여기시더라.

바깥문이 열림에 민씨 일가에서 가마가 수없이 들어가고 바깥문이 열렸음을 복명하니 상궁 넷을 보내시어 어찰을 나리시매, 상궁이 왔음을 아뢰나 중문을 열지 않으시니 반나절을 밖에 있는지라, 그 사이 별감이

길에 이어 연하여 어찰 보심을 청하는지라, 민부에서 민망하여 국체 불경하심을 누누이 권하시니 후가 마지못하여 문을 열라 하시니 상궁이 섬돌 아래에서 머리를 조아려 죄를 청하고 눈물을 흘리며 우러러뵈오매 용모복색이 초췌무색한지라, 슬픔을 이기지 못하여 소리남을 깨닫지 못하고 애통하게 우나 후께서는 두 눈을 내려뜨시고 못 보시는 체하시고, 어찰을 드리니 북향사배하고 양구(얼마 있다가, 한참 지나서)에 펴 보시니 길이가 칠촌이요 폭이 삼척이라, 종이에 가득한 사연이 다 지난날 잘못을 뉘우치시고 시운을 슬퍼하시며 대내로 들어오실 것을 청하신 내용이더라.

후께서 간필(편지) 넣는 궤에 넣으시고 말없이 단정히 앉으셔서 말씀을 아니 하시니 상궁이 땅에 엎드려 아뢰되,

"성상께옵서 신첩에게 편지를 하사하시고 부디 답서를 받아 오라 하신지라, 회답을 청하나이다."

하자, 후께서 한참 만에 말씀하시기를,

"너희는 다만 들어가 죄첩이 답서를 올림이 옳지 못하여 못하는 줄로 아뢰어라."

하시자, 상궁이 감히 바로 청하지 못하고 하직하고 입궐하여 뵈온 대로 아뢰니 상께서 추연히 감동하시어 더욱 뉘우치시고 다음 날 아침에 또 어찰을 나리시며 의복금침과 반상을 나리시니, 모든 상궁이 복명하고 옛말을 일컬으며 흐느껴 우나 후께서는 반겨하심도 없고 박절하심도 없어 흡사 잔잔한 수면과 같으시더라.

상궁이 상의를 모두 아뢰되,

"어제 대전께오서 신첩 등을 인견하사 물으시되 '중궁전에 의복금침과 반상이 있느냐?' 하시니 대답하여 아뢰기를, '하나도 없나이다' 하온즉 대전께서 노하셔서 이르시기를, '내 한때 분함에 과오를 범하였거

늘 일궁이 그 후 끝이 없게 하니 가히 해완(게으름, 태만)하다' 하시며 즉시로 준비하라 하시니 내수사에서 아뢰되, '의복금침은 오늘 안으로 하겠거니와 반상 만들기는 금일 안으로 못할 것으로 아옵니다' 하니 대전께서, '능행(임금이 능에 거둥함)적 쓰려고 새로이 만든 은반상을 올리라' 하사 친히 감별하시고 보내시며 '금침 만들기 더딘가?' 하시어 대전 금침 새로 한 것을 감하시고 베개 수는 봉황수로 바꾸어 왔사오며, 하룻밤에 의복을 짓삽는데 치마빛이 무색하다 하시고 진노하셔 내수사를 가두시고 다른 남초(남색 비단)를 바꾸어 신이 보는 앞에서 급급히 지어 친히 보시고 보내셨나이다."

하고 임금의 은혜가 호탕하심을 이와 같이 종횡으로 말씀드리나 후께선 못 듣는 듯하시고 인하여 잠깐 몸을 굽혀 이르시기를,

"천은이 망극하시니 어찌 감히 거역하리요마는 천궁 귀물을 여염에 두는 게 옳지 못하고, 더욱이 대전의 반상금침을 잠시인들 어찌 사가에 두리요. 외람하여 감히 받지 못할 것이니 도로 가져가라."

하시매, 상궁이 재삼 간청을 하나 듣지 않으시고 돌려보내시며,

"모든 일이 분수에 지나치니 분수를 편하게 하노라."

하시더라.

상궁이 할 수 없이 그대로 복명을 하니 주상께서 그 예절에 집착하심을 아름답게 여기시나, 오래 고집하심을 답답하게 여기시어 다시 어찰을 내리사 후의 마음을 위로하고 국체 그렇지 못한 줄을 밝히시며,

"이 일은 위를 원망하고 조롱하여 과인의 허물을 드러냄이라."

하시고 도로 다 보내시며 상궁에게 죄 있으리라 하시니, 후께서 어찰을 받자와 그 억울하심을 아시고 불안히 여기시어 봉한 채 두라 하시고 답시를 아니하시니 형제 숙질이 간절히 권하고 궁인들이 번갈아 청하니 인하여 종이를 내와 쓰시니 대여섯 줄이더라.

봉하여 상궁을 주니 상궁이 복명한즉 주상께서 반겨 급히 떼어 보시니 말씀이 온순공손하여 무수히 청죄하심이라. 주상께서 추연 감탄하시고, 이튿날 스무사흗날은 중궁전 탄일인 줄 아시고 어찰과 수리를 내리시고,

"각궁 공상을 예와 같이 하라."

하시니 영광이 이렇듯 하였는지라, 인민이 기쁘고 즐거워 뛰놀며 즐기고 민씨 일문이 감읍하되 후께서 크게 불안하사,

"죄인이 어찌 공상을 사가에서 받으리요."

하시고 물리쳐 받지 않으시니 주상께서 재삼 권유하시고 조정이 다 청하나 마침내 받지 않으시니 온 나라가 올바른 행실로 처신하심과 예의 엄숙하심을 거룩히 여겨 흠모하며 칭송함을 마지아니하더라.

이 때 부부인이 들어가시니 후께서 모시고 성효자약하사 슬퍼하시며 일가 부인네 가마가 날마다 들어오니, 이 때 내관이 입번하고 액정 소속과 궁인이 호위하여 예절이 엄한지라 문금을 엄히 하니 후께서 명하사,

"들어올 이를 금하지 말라."

하시고, 비로소 친척을 만나 반기시되 한결같이 친하고 소원함을 가리지 않으시더라.

상께서 입궁 택일하라 하시니 사월 스무이렛날로 아뢰니 주상께서 명관중사(임금이 친히 임명한 중사)를 보내사 입궐하심을 전하시니 후께서 크게 놀라 사양하시며 이르시되,

"천은이 망극하여 하늘과 해를 보고 부모와 동생을 만나 보게 된 것도 바랄 수 없던 노릇이려니와 어찌 감히 궐내에 들어가 천안을 뵈오리요."

하시며 굳이 사양하시고 예물을 받지 않으시니 주상께서 엄지를 민부에

내리시고 대신이며 중신들이 문 밖에 청대하고 어찰을 하루에 사오 차씩 내리시니, 후께서 그윽이 현이(성품이 어질고 재주가 뛰어남)를 미리 부탁하사 입지를 세우지 못하실 줄 아시고 은연탄식하시고 마지못해 예복을 입으시고 입내하실 새, 작은오라버님 민정자의 딸이 여덟 살에 들어와 이미 열세 살이 되니 후의 가르치심을 받아 언어 행동과 성품이 아름다운 고로, 차마 떠나지 못하사 손을 잡고 우시니 민 소저 또한 음읍하여 굳이 참지 못하는지라, 좌우 다 눈물을 뿌려 위로하는 것이더라.

황금채련을 들이나 물리치시고 여느 때 쓰는 교자를 들이라 하시니 주상께서 듣지 않으시리라 하고 사관이 청대하고 모든 일가들이 떠들어 권하니 마지못하사 가마에 듭시니, 사람들이 대로를 덮고 칠보단장 한 궁녀 벌여 섰고 각 군문대장이 어림군(임금이 임석할 때 수비하는 군대) 수천을 거느려 호위하고 대신과 백관이 시위하여 입궐하시니, 예의규모 존중하여 복위하실 줄 알아 향취 웅비하고 광채 찬란하며 천기 화창하여 봄바람이 일어나고 상서로운 구름이 하늘에 가득하니 장안 백성이 영락하여 굿 보는 이 길이 메이게 즐겨 뛰놀고, 한편 옛일을 생각하고 눈물을 흘리며 재상명사의 부인이 임시 거처를 잡고 굿 보기 틈이 없어 도리어 가례하실 때보다 더하고, 향년에 가마에 흰 보 덮어 나오실 때 궁인과 선비 통곡하고 따라가던 일을 생각하니 어찌 오늘날이 있을 줄 알았으리요.

이는 전혀 민후의 원여와 덕망으로 덕을 본디 깊이 쓰시고 고초중 처신을 아름답게 하사 하늘을 감동시킴이라. 여러 부인네들 기쁘고 한편 슬퍼 혹 울고 혹 웃더라.

후의 지밀(임금이 거처하시는 방)과 상석기구를 갖추고 이날 아침부터 이당 뜰에서 거니시며 전중에 갖춘 것을 고쳐 보시더니 나인을 불러 물어 이르시기를,

"어찌 소첩이 없느뇨?"

하시니, 궁인이 황공하여 아뢰기를,

"미처 생각지 못하였나이다."

하자, 주상께서 진노하사 빨리 가져오라 하시매, 소첩 나인(빗접을 시중드는 나인)이 황망히 하여 숙의대 꺾은 것을 모르고 가져오니, 주상께서 손수 펴 보시고 진노하사 다른 것을 들이라 하시고 궐내에 소첩 나인의 잘못을 적어 두라 하시니, 좌우가 주상의 마음 자상명찰하시니 전혀 중궁을 위하신 진정이신 줄 감탄하더라.

입궁 때 몸소 높은 누상에 오르사 만민의 즐겨하심을 보시고 천심이 기쁘사 이미 봉황 달린 가마가 궐문에 들어와 지밀 앞에 모시니 주상께서 명하사,

"난간 아래 모셔라."

하시니, 궁녀가 연 아래 나아가 대전께서 계심을 아뢰니 후께서 가라사대,

"죄인이 무슨 낯으로 전하를 감하오리요."

하시며 덩(공주나 옹주가 타는 가마)문 밖으로 즉시 나오지 않으시니, 주상께서 친히 덩문을 열어 주렴을 걷으시고 쥐신 부채로 덩 속에 바람을 내시고 물러서시니, 후께서 성은이 망극하여 덩에서 나오셔 난간에 엎드리사 청죄하오니 상께서 궁녀를 명하사,

"빨리 모셔 전각 안에 드시게 하라."

하시니 궁녀 일시에 붙들어 전각 안으로 뫼시되 감히 방석에 앉지 않으시고 엎드려 예와 이제를 생각하심에 희비가 엇바뀌어 천산화미(산을 그린 듯한 눈썹, 즉 수려한 눈썹을 가리킴)에 슬픈 안개 일어나고 효성쌍안(샛별 같은 눈, 즉 광채가 어린 눈을 가리킴)에 눈물이 맺히시니 안색이 처연하사 애원하신 거동이 한자리에 나타나시더라.

주상께서 한편 반기시고 옛일을 생각하시고 비참함을 이기지 못하사 봉안에 용루(임금의 눈물) 떨어져 용포(곤룡포) 소매를 적시니 좌우 일시에 눈물 흘려 감히 우러러뵈옵지 못하더라.

이 때 세자의 나이 일곱이시라, 몸이 장성하여 어른 같더라. 이에 들어오셔서 후께 사배하고 슬하에 모셔 앉으니, 후께서 그 숙성하심을 어여쁘게 여기시고 심히 비창하사 그 손을 잡고 어루만져 허희장탄(한숨 짓고 길게 탄식함)하실 뿐이더라.

주상께서 후를 가까이하사 지난날을 뉘우치시고 지금을 위로하사 말씀이 너그러우시사 금석이라도 녹을 듯하시나, 후께서 불감함을 일컬으시고 조금도 태만함이 없으셔 한결같이 유순정정하시니 주상께서 더욱 감복하시고 좌우 모두 감탄하더라.

후께서 입궐하심에 심사가 불안하사 아무것도 잡숫지 못하신지라 수족이 궐랭(체온이 식을 때에 생기는 온갖 병증)하시니 상궁이 염려하여 수라라도 재촉하여 올리니, 주상께선 잡수시나 후께서 잡숫지 않으시니 상궁더러 잡수신가를 물으시니 대답하여 아뢰되,

"낭랑이 전날 신기 불안하사 죽기를 결심하신 후로는 잡수신 일이 없나이다."

하자, 주상께서 놀라서 친히 수저를 들어 권하시니 후께서 성은에 감사하사 마지못해 받으시어 두어 번 잡수시고 상을 물림에, 이 때에 희빈이 오래 높은 지위를 차지하여 천만세나 누릴 줄로 알았다가 홀연히 상감께서 일각에 변하여 국유를 뒤엎고 폐후께 상명이 연락하여 즉일 복위하오셔 들어오심을 듣고, 청천벽력이 일신을 분쇄하는 듯 놀랍고 앙앙 분통함이 가슴속에 일천 잔나비 뛰노는 듯하니, 스스로 분을 이기지 못하여 시녀에게 전하여 말하되,

"내 오히려 곤위에 있거늘 폐비 민씨 어찌 문안을 아니 하느뇨? 크게

실례하여 방자함이 심하도다."

하여 궁녀 이 말 아뢰니 후께서 어이없어 못 들으시는 듯 사기 태연하시고 안색이 정정하사 답언이 없으시니, 이 때 주상께서 후와 더불어 나란히 앉아 계시다가 후의 기색을 살피시고 지난날이 다 맹랑하여 스스로 어리석음을 부끄럽게 여기시고 장씨의 방자함을 통탄하사, 즉시 외전에 나오셔서 그 날로 전지하시어 후를 복위하시고, 여양부원군을 복관작하시고 후의 삼촌 좌의정이 벽동(평안북도 압록강 가에 있는 땅 이름) 적소에서 졸하신 고로 복관작 추증(종 3품 이상 벼슬아치의 아비, 조부, 증조부에게 죽은 뒤에 벼슬을 내리는 일)하시고 그 자손에게 옛 벼슬을 주시고 새 벼슬을 높이시며, 장씨 아비는 삭탈관직하시고 빈의 옥책(제왕, 후비의 손호를 올릴 때 송덕문을 새긴 간책)을 깨치시고 장희재를 제주 안치하라 하시고, 내시에게 전교하사 빈을 소당으로 내리고 큰 전각을 수리하라 하시니, 궁인과 중시가 전지를 전하고 바삐 내리라 하니, 장씨 대로하여 소리높여 울부짖기를,

"내 만인의 어미요 세자가 있거늘, 너희가 어찌 이리도 무례히 굴리요. 내 부득이 폐비의 절을 받고 말리라."

하고 악독을 이기지 못해 세자를 난타하니 주상께서 들으시고 친히 납시니 바야흐로 장씨 수라를 받다가, 삼강을 뵈옵고 독악이 요동하여 얼굴이 푸르락붉으락하여 말하기를,

"하루라도 내 위에 있거늘 폐비 문안을 아니 하며, 내 무슨 죄로 하당에 내리라 하시나이까?"

하자, 상께서 용안이 진노하사 이르시기를,

"어찌 감히 문안을 받으며 또 어찌 이 자리를 길게 누리리요?"

하시자, 장씨 문득 밥상을 박차고 발악하여 말하되,

"세자가 있는데 내 어찌 이 자리를 못 가지리요. 내려도 기어이 민씨

의 절을 받고 내리리라."

하니, 수라상이 산산히 헤쳐 방 안에 흩어지니 좌우가 악착한 담을 어이없이 여기고, 주상께서 매우 놀라 대노하시며,

"빨리 장씨를 끌어내라!"

하시니, 궁중이 다 원통해하던 차 주상의 뜻을 알고 성급히 달려들어 장씨를 끌어 업고 총총히 단에 내려 소당으로 가니, 장씨 발악하며 중궁전을 후욕(꾸짖고 욕설을 함)함을 마지않으니, 주상께서 즉시에 내치시고 싶으되 전후의 일이 너무 공정치 못하고 세자의 낯을 보아 내버려두시니라.

다시 길일을 택하여 예의를 갖추어 후를 청하여 곤위에 오르시게 하니 후께서 세 번 사양하시다가 마지못하여 법복을 갖추시고 남면(남쪽으로 향함. 남쪽은 곧 임금이 앉는 자리의 방향)하여 곤위에 오르신 후 상에 내려 주상께 사은하시니 법도가 숙연하시고 광채 찬란하사 전보다 배승하시더라.

주상께서 용안에 기쁨이 가득하사 붙들어 탑에 오르사 한가지로 어좌를 이루시고 비빈 궁녀의 조하를 받으시며 조정이 새로이 출하를 드리니, 화풍은 수막을 침노하고 상운이 옥루(백운루로, 문인·묵객이 죽은 뒤에 간다는 곳. 여기서는 대궐을 일컫는 듯함)를 둘러 화기애연하고 궁중이 화열하여 뛰놀며 즐기는 소리 높고 조정이 숙연하고 일국의 신민이 뉘 아니 기쁘게 여기리요.

대장 공주와 명안 공주 들어와 알현하고 일희일비하여,

"성상 천은이요, 중궁 성덕이시라."

하고 못내 즐기며, 후께서는 천은을 감축할 뿐이시고 육년 동안의 고초를 일컫지 않으시니 공주 더욱 어렵게 알고, 성상의 총명 성덕이 장하심을 무수히 일컫고 사오일 묵어 나가려 하니, 주상께서 각별히 명하사

중궁에 잔치하사 공주 대척들을 모아 즐기시게 하시니 중궁에 화기 가득하더라.

상께서 성품이 엄하시고 천위묵묵하시나 그윽히 살피시고 고집하사 후께서 출궁하실 때 방자하고 박대하던 궁인들을 다 멀리 귀양보내시고, 모시고 간 궁인은 벼슬을 높이고 녹을 후히 주어 평생을 한가롭게 놀게 하시니 모든 궁녀들이 도리어 부러워하더라.

폐비시 간쟁하던 신하를 적소에서 역마로 불러 높은 벼슬을 주시니, 죽은 자는 충절을 생각하여 감격의 눈물을 내리와 후회하시고 복관작 벼슬을 높이시며 친히 제문을 지어 제사를 지내시고 서원을 지어 봄 가을로 제향하여 그 충절을 포장하사 후세에 이름을 빛나게 하시고, 그 자손을 승직(벼슬이나 지위가 오름)을 주시고 녹봉을 주사 그 부모처자를 살게 하시고 수초(손수 추려 씀. 또는 그 기록)로써 그 일문을 위로하시니 은혜 형특하신지라, 조야가 감축하고 진심으로 복종하는 것이더라.

희빈의 간악함은 분하기 그지없으시나 세자의 안면을 보사 희빈을 존봉하시고 무릇 공상범절(진상하는 모든 절차)을 정궁 버금으로 하고 궐내 영숙궁 취선당에 거처케 하니 은영이 자못 호탕하시니 사갈시랑(뱀과 전갈 및 승냥이와 이리로, 남을 해치기 좋아하는 사람을 비유)이라도 제 죄를 짐작하고 지극히 감격할 바이나, 장씨 외람히 곤위에 있어 일국이 추존하고 상총이 온전하다가 졸지에 폐출하여 희빈으로 내리니 앙앙분노하고 화심이 크게 일어 전혀 원심이 곤전에 돌아가니, 불순한 언사 포악하고 불승분화(분과 화를 이기지 못함)하여 세자를 볼 적마다 무수히 난타하여 마침내 골병이 드니, 주상께서 대로하사 세자를 영숙궁에 가지 못하게 하시고 성전에서 놀게 하시니 세자 이따금 아뢰기를,

"어이 어미를 보지 못하게 하시나이까?"

하고 눈물을 흘리니 주상께서 위로하사 중전 슬하에 두시니 후께서 심

히 사랑하시는 고로 세자 제 어미를 더 이상 생각지 않으시더라.

장씨 세자로 유세하다가 세자도 보지 못하고 대전의 자취 돈절하며 아무도 불쌍히 여겨 들여다보는 이 없으니, 형세 외롭고 고단함이 당연 민후보다 더 심하니 슬프다, 복선화음(착한 이에게 복이 오고 악한 이에게 화가 옴)의 윤회보응이 분명하여, 하늘 높으시나 낮춰 들으시는지라. 민후 폐출당하실 때는 나라 안의 모든 백성이 다 청원하여 도리어 몸이 괴로우나 이름이 빛나셨거니와, 장씨는 폐출함에 만민이 다 좋다 하고 궁중이 쟁그라와(쟁그랍다. 만지거나 보기에 소름이 끼칠 정도로 흉하고 더러움) 은근히 웃고 비웃으니 더욱 분노하고 부끄러워 원망악담이 공연히 중궁께로 돌아가니, 전 후원을 배회하며 귀를 기울여 들은즉 중궁전 차비 거동이 간담이 벌어지는 듯하고 밖으로 소문을 들으면 민씨 일문은 혁혁히 조정에 벼슬하고 상감의 총애가 지극하시고 조야가 다 축복하되, 제 오라비 희재는 제주 죄인이 되어 하나도 불쌍해하는 이 없으니 보고 듣는 것이 다 가슴 가운데 분이 되어 밤낮으로 생각하여 불 같은 흉심이 구름 모이듯 하니 어찌 능히 끝을 누리리요. 평생 탐학한 보물을 뿌려 궁인을 매수하고 독약을 구하여 중궁 수라에 넣으려 하되, 후께서 짐작하시고 궁인을 단단히 타일러 삼가게 하니 조석 수라를 다 심복 나인을 시켜 변이 없게 하시니, 궁중이 다 교하에 심복하여 흉사를 행할 자 없는 고로 하릴없이 저주 방정을 무수히 하여 궁모흉계 아니 미친 곳이 없었던 것이더라. 장씨 회사수덕(잘못을 뉘우쳐 사과하고 덕을 닦음)하여 공손히 있은즉 세자의 당당한 세도 있고 중궁의 성덕을 의지하면 천심도 감동하사 영화를 끝까지 누릴 것이나, 족한 줄 모르고 자작지얼(자기 스스로 만든 재앙)로 대역을 도모하여 필경 앙급기신(앙화가 자기 몸에 미침)하니 어찌 두렵지 않으리요.

이 때 시절이 흉황하니 주상과 후께서 염려하사 영전으로 피하시고 수라를 반감하사 비망기를 내려 구원지책을 돈절히 하사 정성이 지극하시니 신민이 감동치 않는 이 없더라.

병자년(숙종 22년, 1696)에 동궁의 나이 아홉 살이시라, 관례(어른이 되는 예식) 성관를 행하시고 세자빈을 간택하사 주상과 후께서 친히 뽑으시니 재덕이 겸비하며 청송 심호의 따님(경종의 왕비 단의왕후 심씨)이시니, 가례를 행하여 세자빈을 책봉하시니 나이 열두 살이시라. 덕성이 아름답고 슬기로우시니 주상께서 크게 사랑하사 조정국사 여가에는 주야에 중궁을 떠나지 않으사 화언으로 한담하시고 세자빈과 왕자를 앞에 두사 재미를 보시니, 이 때 숙인 최씨(영조의 생모) 왕자를 탄생하여 바야흐로 세 살이시라, 기상이 비범하시니 주상과 후께서 사랑하사 슬하에 무애하시니 후께서는 친히 낳으신 자손처럼 대하시더라.

빈은 숙덕이 근면하고 후께 지성이라, 숙의 김씨는 마침내 무자하니 불쌍히 여기오사 각별 은휼하시니 궁중에 화기 가득하여 악한 자 없으되, 장씨의 마음은 도척(중국 춘추 시대의 큰 도적으로, 몹시 악한 사람의 비유) 같아 고치는 기색이 없으며,

"세자 내가 낳은 자식이되 빈을 얻어 무색하고 한번 보고 무궁한 영화와 극진한 효성을 중궁전이 혼자 보는 도다. 자나깨나 교아절치(몹시 분하여 이를 갊)하여 원수를 갚으리라."

하고 요사스런 무녀와 흉악한 술사를 얻어 주야로 모의하여, 영숙궁 서편에 신당을 배설하고 각색 비단으로 흉악한 귀신을 만들어 얹히고 후의 성씨와 생월 생시를 써서 축사를 만들어 걸고 궁녀에게 화살을 주어 하루 세 번씩 쏘아 종이가 해지면 비단으로 염습하여 중전 신체라 하여 못가에 묻고 또 다른 화상을 걸고 쏘아, 이러한 지 삼 년이 되어도 후의 신상이 반석 같으시자 더욱 앙앙하여, 희재의 첩 숙정은 창녀로 요악한 자라 죄 극심하여 정실을 모살하고 정처가 되었더니 장씨 청하여 의논

하니 이는 유유상종이라, 궁흉극악한 저주 방정을 다 하여 흉한 해골을 얻어 들여 오색 비단으로 요귀 사귀를 만들어 밤중에 정궁 북벽 섬돌 아래 가만히 묻고 또 채단으로 중전의 옷 한 벌을 지어서 해골을 가루로 만들어 솜에 뿌려 두었으니 누구인들 그런 흉모를 알았으리요.

옷 사이와 실마다 극악히 방자를 하여 거짓 공손한 체하고 편지하여 중전께 드리니 간곡하신 말씀으로 그 정성을 위로하시고 받지 않으시거늘 하릴없어 기회를 얻으려고 두고 날마다 신당 축원과 요술 방정이 천만 가지로 그칠 적이 없으나, 이른바 사불범정이요 요불승덕(간사한 것이 정의를 침범하지 못하고 요사스러운 것이 덕을 이기지 못함)이라 하였으되 예로부터 방연이 손빈을 해하였는 고로(손빈은 방연과 함께 귀곡 선생에게 병법을 배웠는데, 방연이 위나라 장수가 되자 손빈의 재주를 시기하여 그의 다리를 끊어 버렸으나, 손빈은 제나라의 장수가 되어 위나라와 싸울 때 방연을 마릉에서 포위하매 방연이 자결하였음), 액운이 불행한 때를 당하여 요얼이 침노하니 중전께서는 경진년(숙종 26년, 1700) 중추부터 홀연히 옥체 편찮으시어, 특별히 심한 것도 아니고 때때로 오한이 나고 한밤이면 골절을 진통하시다가는 평시 같은 때도 있고 진퇴무상하신 것이더라.

궁중이 크게 근심하고 주상께서 깊이 염려하사 민 공 등을 대전으로 인견하시어 병증을 이르시고 치료하심을 극진히 하시나 조금도 효험이 없고, 겨울을 지내고 다음 해 봄이 되니 후의 백설 같던 피부가 많이 손색되시어 때때로 누른 진이 엉기었다가 없어졌다가 하니 의사들이 다 병을 측량치 못하더라.

주상께서 적년 심혈을 적상(오랜 근심으로 마음이 몹시 아픔)하시어 고질이 되심인가 하여 더욱 뉘우치시고 차석(애달프고 아깝게 여김)하사 후의 기상이 너무 맑고 빼어나시니 행여 단명하실까 염려하사 용침이 능히 편치 못하시니 후께서 불안하사 매양 아픈 것을 굳이 나타내지 않으시고는 하더라.

장씨, 후의 이러하신 줄 알고 요행히 여겨 못된 짓 더욱 더하더니, 사월에 후의 탄일이 되시니 상감께서 하교하사 큰 잔치를 열어 민씨 일가 부인네를 모아 즐기게 하시니 이는 후의 병환이 진퇴무상하심에 여한이 없게 하고자 하심에서이더라.

후께서 불안히 여기시어 재삼 사양하시나 주상께서 고집하시니 천은을 황감해하시고 세자의 효성을 막지 못하시어 여러 날 연회를 베풀어 양 전하께서 세자와 빈의 효성을 어여삐 여기시고, 민씨 부인네들을 청하시니 민부에서는 대내 출입을 외람히 여기나 후의 병환이 진퇴하시고 주상의 은혜 각별하심을 감축하여 모두 들어와 조현하니 후의 은은한 병색을 뵈옵고 깊이 근심하는 고로, 후께서 척연히 옥루를 흘리시어 이르시기를,

"내 무자박덕으로 성상의 은총을 입어 갚을 길이 없거늘, 근래로 몸이 노곤하고 정신이 때때로 아득하여 운무 속에 있는 사람 같으니 의심하건대 이 세상에 있는 날도 멀지 않을 것 같으니 위로 성상께 심려를 끼치고 아래로 동생 자매와 연락이 다시 쉽지 않을까 하노니, 원컨대 여러 자매는 자녀를 교훈하여 덕을 쌓고 복을 심어 후손까지 영화가 미치게 하소서."

하시며 말씀을 마치시고 흐느껴 우시니, 궁중이 다 후의 비참한 말씀을 듣고 놀라고 의심하여 눈물이 한없이 흐르고 본곁의 부인네 심사가 요동하여 눈물이 줄줄 흐르나 억지로 참고 위로하여 말하기를,

"춘추 정정하신데 일시 병환에 어찌 이런 하교를 하시나이까?"

하여 하직하고 나올 때 후께서는 초연 탄식하시고 부인네들은 다 가마 속에 들어가 흐느껴 울며 나가더라.

대장 공주, 육궁 비빈이 다 짐작하셔 의복을 하여 올리매 후께서 일제히 받지 않으시니 공주 등이 재삼 간청하시자 그 정성을 능히 물리치지 못하시어 받으시고 장 희빈이 올린 의복도 물리치심에 세자 모시고 있다가 간절히 권유하시니 후께서 세자의 효성과 안면을 보사 받으시니 슬프다, 간인의 해 극에 달했는데 이대도록 흉참한 줄 뉘 알며, 동궁도 추호나 앎이 있으면 친모의 허물을 낮추지 못하신들 어이 권하여 받으시게 하리요마는, 비록 장씨의 몸에서 낳았으니 온전하온 자애지정을 중궁께 받자와 친생의 정이 있거늘, 다른 후궁들은 전중에 왕래 잦아 화기와 은혜 온전하되 친모는 스스로의 재앙으로 스스로 용납치 못하니 모자지간이라도 간언이 아무 소용 없으니 평생에 무안무색한지라 어미 행여나 공손한 뜻에선가 하고 권하심이어니, 이로 말미암아 종신 지한이 되시고 만 것이더라.

후께서 장씨의 옷을 입지 않으시나 전중에 있는지라 요얼이 밖으로 침노하고 또 방 안에 살기 성하니 이 해 오월부터 병환이 중하게 되시어 옥체를 가누시지 못하시니 약청을 설치하고 주상께서 크게 우려하사 민 판서 형제를 명하사 친히 약을 살피게 하며 병측에 뫼신즉, 후 보실 적마다 서러워 느껴 우시며 아우와 조카에서 경계하여 이르시기를,

"너희 벼슬이 높고 명망이 중함을 근심하나니, 직분을 밝게 살펴 몸가짐을 극진히 하여 선인의 청덕을 첨욕치 말고 보신지책하여 효도로써 끝을 맺도록 하라."

하시며 병환 중에는 더욱 일일이 떠나기를 어려워하시니 민 공 형제 척연 감읍하여 지성으로 치료하여 의관을 밖에서 등대하고 안에서 백 가지로 다스리되 추호도 효험이 없고 점점 더하시니, 이는 신상으로 솟아나신 병환이 아니기 때문이더라. 사질이 왕성하고 저주의 독이 골수에 스몄거늘 백초의 물로 어찌 제어할 수 있을까 보냐!

낮이면 맑은 정신이 계셨다가도 밤마다 더욱 중하시어 섬어(헛소리, 잠꼬대)를 무수히 하시매, 증세 이상하다 능히 그 연유를 알지 못하니 이 또한 후의 액수 불행하신 연고라 할 수 있으리로다.

칠월에 병증을 얻어 위독하심에 목숨 조석에 달려 있는지라, 일궁이 진동하고 조야 망극하여 천신께 빌며 북두제를 올리되 세자께서 친히 납시어 이토록 그 정성이 아니 미친 곳이 없으나 병환은 더욱 중해지실 뿐인지라, 주상께서 참석을 폐하시고 근심하사 용안이 초췌하시니 후 미력하신 경황 중에도 몹시 염려하사 간하시더라.

후, 스스로 회춘하지 못하실 줄 아시고, 의녀를 물리치시고 의약을 들지 않으시니 주상께서 임어하사 들으시고 놀라사 약을 친히 권하시며 말씀하시기를,

"병중에 어찌 약을 마다하리요. 억지로라도 약을 드시고 빨리 회복하여 과인의 바라는 바를 저버리지 말으소서."

하시니, 후께서 정신을 겨우 차리사 말씀하시기를,

"첩이 아직 나이 적고 영화 제미하오니 무어 죽고자 하리요만 날로 아픔이 극심하니 어서 죽어 모르니만 못하오이다. 약을 써도 효험이 없고 오장이 더 아프오나 전하의 염려하심을 저버리지 못하와 강잉히 먹겠나이다만, 첩이 반드시 오래 살지 못할 것이온즉 먹고 괴로운 것을 권치 말으소서."

하시니, 주상께서 듣기를 마치시고 옥루 떨어져 근심스레 이르시기를,

"후는 어찌 이런 불길한 말씀을 하여 과인의 심사를 요동하시느뇨? 만일 정히 괴로우면 수일만 끊고 심사를 편안히 하여 기운을 차리소서."

하시고 친히 미음을 권하시며 병전에 계셔 떠나지 않으시더니 과연 약을 그치심으로부터 조금 감세 계신 듯하사 궁중이 잠깐 다행히 여기더

니 하루는 스스로 미음을 찾아 드시고 좌우 시탕하던 시녀를 돌아보아 이르시기를,

"내 이제 살지 못하리니 너희 지성을 무엇으로 갚으리요? 너희들은 내 삼년상 후 각각 돌아가 부모 동생을 보고 인륜을 갖추어 살다가 구천타일(죽은 후 다른 날)에 지하에서 모이기를 기약하자."

하시니, 좌우 천만 뜻밖의 하교를 듣고 망극하여 일시에 낯을 가려 체읍하고 눈물이 쏟아져 목이 메어 능히 대답을 못하더라. 후께서 명하사 전각을 비로 쓸고 물을 뿌리며 향을 피우고 궁인에게 붙들려 세수를 정히 하시고 양치질을 하시고 새옷을 갈아입으시고 궁녀를 시켜 주상을 청하시니, 주상께서 들어오시매 후께서 의상을 정돈하시고 좌우로 붙들려 앉아 계심에 궁인들이 다 망극하여 슬픈 빛이더라.

천심이 당황하시어 후 곁에 가까이 다가앉으시며 이르시기를,

"어이 이렇듯 실섭(몸조리를 잘못함)하시느뇨?"

하시니, 후께서 문득 옥루를 흘리며 아뢰기를,

"신이 곤위에 있어 성상 천은으로 영복이 극진하오니 여한이 없으나, 다만 슬하에 골육이 없어 그림자 외롭고 성상의 큰 은혜를 만분지 일도 갚삽지 못하옵고, 오히려 천심을 손상하시게 하고 오늘날 종천영결(죽어서 이 세상과 영원히 결별함)을 사오니 구천지하에서도 눈을 감지 못하오리니, 원하옵건대 성상께서는 박명한 첩을 생각지 말으시고 백세안강하소서."

하시자, 상께서 크게 서러워 용루를 흘리며 이르시기를,

"후께서 어찌 이런 불길한 말씀을 하시오?"

하시고 말씀을 능히 이루지 못하사 용포 소매가 젖으시니 후께서 정신이 황란하시나 어찌 주상의 슬퍼하심을 모르시리요.

눈물 흘리시고 길게 한숨 지며 말씀하시기를,

"성상은 옥체를 보중하사 돌아가는 첩의 마음을 평안케 하시고 만민의 폐를 덜으소서."

하시며 세자와 왕자를 어루만지시고 후궁과 비빈을 나오라 하사 가로되,

"내 명운이 불행하여 육 년 고초를 겪고 다시 성은이 망극하사 곤위에 올라 세자와 왕자와 더불어 조용히 여생을 마칠까 하였더니, 오늘날 돌아가니 어찌 박명하지 않으리요. 그대들은 나의 박명을 본받지 말고 성상을 모셔 만수무강하라."

하시니, 연잉군(영조의 어릴 때 이름)이 이 때 팔 세시니, 손을 잡고 서러워하여 말씀하시기를,

"이애 영특하여 내 극히 사랑하였더니, 그 장성함을 보지 못하니 한이로다."

하시고 비빈을 물러가게 하시고 오라버님 내외와 조카네 사촌들을 인견하사 오열비창하심을 금치 못하시니 민 공 등이 엎드려 오열하여 능히 말을 못 하는지라, 주상께서 이 거동을 보시고 천심이 이어지고 꺾어지는 듯 차마 보지 못하시더라.

좌우에서 미음을 올리니 주상께서 친히 받아 용루를 머금고 권하시니, 후께서 크게 탄식하시고 두어 번 마시고 주상께서 친히 부축하여 베개에 바로 누이시더니, 이윽고 창경궁 경춘전에서 엄연 승하하시니 신사년(숙종 27년, 1701) 추팔월 열나흗날 사시요, 복위하신 지 팔 년이요 춘추 삼십오 세시더라.

궁중에 곡성이 진동하여 귀신이 다 우는 듯 궁녀 서로 머리를 맞대어 망망히 따르고자 하건만 하물며 주상께서랴.

주상께서 과도히 슬퍼하사 손으로 난간을 두드리시며 하늘을 우러러 방성통곡하시니 용안에 두 줄기 눈물이 비오듯 하시고 용포가 마치 물

을 부은 것같이 젖었으니, 궁중이 차마 우러러뵈옵지 못하였더라.

조정과 사서인의 슬퍼함이 심산공곡에 이르러 다 부모상보다 더하니 후의 숙덕성행이 아닌들 어찌 이대도록 하리요.

주상께서 예로써 입관 성복을 지내시고 사시제전에 친히 임하여 엎드려 곡을 하사 애통하심이 날로 더하시니 궁중 신하들이 모두 근심하더라.

구월 초나흗날 상께서 친림하시어 제사를 지내실 때 제문을 지어 예관에게 읽히시니 대강 제문에 왈,

　　모년 오월에 국왕은 비박지전(간략한 제전)으로 대행왕비 민씨 지전에 고하노니, 오호라! 현후의 돌아가심이 사실인가, 꿈인가, 달이 가고 날이 바뀌되 과인이 황란하여 능히 깨닫지 못하니 속절없이 천기 막막하고 음용이 그쳤으니 그 돌아감이 반듯한지라. 옛 사람이 실우기탄과 고분지통(두 가지 모두 부부가 짝을 잃음을 뜻함. 즉 상처함을 일컬음)을 일렀으나, 과인의 지통과 유한은 고금에 비겨 방불한 자가 없도다.

　　오, 슬프도다! 현후는 명문생출이요, 현부형의 교훈을 받았도다. 뛰어난 자질과 아름다운 성덕이 갈담규목(왕후의 근검경효와 관후한 덕행을 말함)에 극진하지 않음이 없으되 시운이 불리하고 과인이 불민하여 육 년 손위(6년 동안 장 희빈의 간계로 왕후의 자리에서 물러나 있었음을 뜻함) 차마 어찌 이르리요. 위태한 때에 처신을 더욱 곧게 평안히 하시고 어지러운 때에 덕행을 더욱 평정히 하여 과인으로 하여금 과실을 많이 감춤은 현후의 성덕이라 꽃다운 효절과 규잠(법도를 잘 지킴)하는 덕이 국풍에 순이하여 도를 임하여 한가지로 태평을 누릴까 하였더니, 창천이 어찌 숙인 앞길을 빨리 하여 과인

이 내조를 다시 바랄 수 없이 되었구나!

　슬프도다! 현후는 평안히 돌아가 만사를 잊었거니와 과인은 길고 먼 세상에 지한과 설움을 어찌 견디리요. 오호라! 현후의 맑은 자품으로 일개 혈육이 없고 어진 성덕으로 장수를 누리지 못하신고! 하늘도 무심하신지라. 이는 반드시 과인의 실덕묘복(허물이 많고 복이 적음)을 하늘이 밉게 여기사 과인으로 하여금 무궁한탄이 되게 하심이로다.

　통명전을 바라보니 현후의 덕 있는 모습과 온화한 음성이 들리는 듯하건만 이제 길이 막힘이 몇 천 리인고! 과인이 중간에 실덕함이 없이 지금까지 무고하시다 돌아가셔도 슬프다 하려든 하물며 과인이 허물로 육 년에 걸친 고초를 생각하매, 골똘한 유한이 여광여취(미친 것도 같고 술취한 것도 같음)로다.

　제문이 너무 장황하니 이에 그치노라.

　읽기를 마치시고 방성대곡하시니 곡성과 눈물이 영인 감창(사람으로 하여금 느껍고 서글프게 함)이시라, 좌우에 모시는 신하들이 다 체읍하고 감히 우러러뵈옵지 못하더라.

　인현왕후라고 추존하시고 능호는 명릉이니 고양이라. 능전을 경연전이라 하시고 대신을 명하사,

　"능역을 지성으로 감찰하라."

하시고, 능묘 우편을 비워,

　"타일동폄(뒷날에 같이 장사 지냄)하라."

하시고, 선달 초여드렛날로 인산택일(왕후의 장례일을 가려서 정함)하시니 오 슬프다, 사람의 오래 살고 일찍 죽는 일은 인력으로 못한다 하나 후의 현철성덕으로 마침내 무자하시고 단수하심이 더욱 간인의 참화를 입

으시니 어찌 순탄한 일생을 누리셨다 하오리마는, 어진 사람도 복을 누리지 못하거든 하물며 악인이 종시를 안향(하늘이 내린 복을 평안히 누림)함을 얻으리요.

차설('각설'과 같은 뜻으로, 화제를 돌릴 때 그 첫머리에 쓰는 말), 장 희빈이 후의 병환 때 두어 번 뵈옵고 병을 핑계 대고 문후치 않았으니 후께서 그 심정이 곱지 못한 줄 아시나 알고도 모르는 체하시니, 후를 중궁전이라 아니 하고 민씨라고 부르며 중궁 이야기를 할 양이면 말머리에 반드시 이를 갈며 잡귀 요괴로 이 세상에 용납치 못하니라 하고 날마다 무녀와 술사를 시켜 축원하더니, 마침내 승하하시자 크게 기뻐하여 합수축천(손을 모아 하늘에 빎)하고 이수가 애매하여 양양자득하고, 신당을 즉시 없앨 것이로되 여러 해 동안 위하였으니 갑자기 없애는 것이 세자와 빈에게 해롭다 하고 무녀와 술사들이 상의하여 구월 초이렛날 굿하고 파하려 그대로 두었더니 이 또한 제 인력으로 못 할 일이었던가 하더라.

이 때 상께서 왕비를 생각하시고 모든 후궁을 찾지 않으시고 지나치게 슬퍼하사 조석으로 애통하사 천광(하늘의 빛. 여기서는 임금의 얼굴, 즉 용안을 일컬음)이 환탈(많이 여윔)하시니 여러 대신들이 간유하온즉 주상께서 초연히 탄식하시며 말씀하시기를,

"과인이 부부지정으로 슬퍼함이 아니라 그 덕을 생각하고 성품을 잊지 못하여 서러워함이로다."

하시니, 제신이 모두 느껍고 비참해 마지않더라.

구월 초이렛날 석전(염습 때부터 장사 때까지 저녁마다 신위 앞에 제물을 올리는 의식)에 참례하시고 돌아오시니 가을 날씨는 서늘하고 초생달이 희미한데 귀뚜라미 소리조차 일어나 심사 더욱 처량하시어 촛불을 대하여 눈물을 흘리시다가 안석을 의지하여 잠깐 조시니 비몽사몽간에 죽은

내시가 앞에 와서 아뢰되,

　"궁중에 사악한 잡귀와 요귀가 성하여 중궁이 비명에 끔찍한 재앙을 당하시고 앞에 큰 화가 불 일 듯할 것이오니, 바라옵건대 성상은 깊이 살피소서."

하고 손을 들어 취선당을 가리키며 주상을 모시고 한 곳에 이르니 후의 혼전이라, 전중에 중궁이 시녀를 거느리시고 앉아 계신데 안색이 참담하사 슬프게 통곡하시며 주상께 고하여 말씀하시기를,

　"신의 명이 비록 짧았으나 독한 병에 들어 올해 죽을 것이 아니로되, 장녀 천백 가지로 저주 방자하여 요얼의 해를 입어 비명원사하니 장녀는 불공대천의 원수라. 원혼이 운간에 비겨 한을 품었으니 당당히 장녀의 목숨을 끊을 것이로되, 성상께서 친히 분별하사 흑백을 가려 원수를 갚아 주심을 바라오며 후사를 없이하여야 궁내가 평안하리이다."

하시니, 주상께서 크게 반기사 옷을 잡아 물으려 하시다가 놀라 깨달으시니 침상일몽이다.

　촉영은 휘황하고 좌우 내시들은 장지 밖에 모셔 앉았으니 크게 슬퍼 일장통곡을 하시고 좌우더러 때를 물으시니 초경이라, 이에 옥교를 타시고 위엄 있는 차림새를 다 물리시고,

　"인적과 훤화(지껄여서 떠듦)를 내지 말라."

하시고 영숙궁으로 가시니, 이 궁에 행차하신 지 칠팔 년 만이시라, 누가 상께서 행차하실 줄 알았으리요!

　이 날이 장 희빈 생일이라, 숙정이 들어와 하례하고 중궁 죽음을 치하하여 모든 궁인들이 공을 다투고 옛말을 이르며 신당에서는 무녀 술사들이 촛불을 밝히고 설법하더니, 부지불식간에 대전의 옥교 청사(마루)에 이르사 들어오시니 궁녀들이 놀라 급급히 일어나 맞아 어떻게 할

줄을 모르더라.

주상께서 그 쟁공하는 말을 들으시고 마음속에 크게 노하시어 묵연히 관형찰색(사물을 자세히 관찰하고 안색을 자세히 살펴봄)하시니, 궁녀들이 생각하되 희빈 생일이요, 중전이 아니 계셔서 찾아오신 줄만 알고 야반 수라를 성대하게 준비하여 들이니 주상께서 냉소하시고 멀리 살펴보시니, 맞은편 당에 등촉이 밝게 비치더니 다 끄고 고요한지라 의심이 일어 몸을 일으켜 청사를 나오시니, 맞은편에 병풍을 쳤거늘 치우라 하시니 궁녀 겁나고 두려웠으나 할 수 없어 걷으니 벽상에 한 화상을 걸었는데, 자세히 보시니 완연한 민후로 다름이 없는 터에 화살을 맞은 구멍이 무수하여 다 떨어졌는지라, 물어 이르시기를,

"저것은 어인 것이냐?"

하시니, 좌우 황황하여 아무 말도 못하거늘 장씨 내달아 고하되,

"이는 중궁전 화상이라, 그 성덕을 감격하와 화상을 그려 두고 수시로 생각하나이다."

하자, 상께서 비로소 진노하사 이르시기를,

"후를 생각하여 그렸으면 저렇듯 화살 맞은 곳이 많느뇨?"

하시자, 장씨가 대답하지 못하거늘 데리고 오신 내관에게 명하사 촉을 잡히고 서편당에 가 보시니 흉악한 신당이라, 천노가 진첩(존귀한 사람이 몹시 성을 내어 그치지 아니함)하사 청사에 앉으시고 궁노를 불러 모든 궁녀를 다 잡아 내어 단단히 결박하고 엄하게 문초하여 이르시기를,

"내 벌써부터 짐작하고 알았으니 궁중의 요약한 일을 추호라도 숨기면 경각에 죽이리라."

하시니, 천노가 그치지 않아 급한 뇌성 같고 엄하신 기운이 상설 같으시니 어찌 감히 은휘(꺼리고 숨기어 피함)하리요마는 그 중 시영이 간악하여 처음은 모르노라 하더니, 피육이 떨어지며 여러 시녀 일시에 응성

주초하여 전후 사연을 역력히 다 아뢰니, 주상께서 새로이 모골이 송연하여 이르시기를,

"범을 길러 화를 받는다는 말이 과연 이번 일 같도다. 내 장녀를 내치지 않고 두었다가 큰 화를 자초하였으니 이도 불가사문어린국(이웃나라에 소문이 퍼지게 할 수 없음)이라."

하시고 상궁 시녀들은 금부로 내리와 내일로 친국하려 하시고 외전에 나오시어 능히 잠을 이루지 못하시고 이튿날 중외에 반포하시어,

"중궁이 비명원사하심과 장 희빈의 대역부도와 흉모간악이 불가사문어린국이라. 모든 죄를 다스리고 죄인 장희재를 급급 몽두나래(햇빛을 못 보도록 죄인의 얼굴에 도포 자락 등을 씌워 붙잡아 옴)하고 죄인 숙정은 한가지로 모역한 유니 역적 다스리는 법으로 사형에 처하라."

하시고,

"내수사 춘상, 철향, 시영 등을 금부에 가두어 잡아 인정문에서 친국하라."

하시니, 승지 윤이부(윤지인) 엎드려 머리를 조아리고 아뢰기를,

"희빈의 죄악이 중하오나 세자를 보아 성상의 진노하심을 가라앉히시옵소서."

하니, 주상께서 크게 노하시어 이르시기를,

"장씨 처음에 중궁을 간해하되 세자의 낯을 보아 두었더니 궁중에 신당을 만들고 저주를 묻어 국모를 모살하니 궁흉극악한 대역부도는 세상에 없는지라. 내 친히 국문하여 죄를 밝혀 중궁의 영혼을 위로하려 하거늘 승지는 역적을 두둔하여 금부로 추국하자 하니 신하된 자로서 국모를 모살한 원수를 어찌 이렇듯이 하리요. 극히 한심한 일이로다. 윤을 삭탈관직하여 문밖으로 내어쫓으라."

하시고, 국청 죄인 철향은 형문 삼장에 문초하여 자백하여 말하기를,

"을해년(숙종 21년, 1695)부터 신당을 세우고 무녀 술사로 축원하여 중궁이 망하시고 장씨 복위하게 빌었으며, 화상을 걸고 쏘아 염하여 묻었나이다. 이 밖의 일은 시향 등이 알고 소인은 모르나이다."

하여 시향을 엄문하시니 나이 이십삼이라. 복초 끝에 말하기를,

"희빈의 오라비 장희재의 첩 숙정으로 서간왕래하되 빈이 숙정에게 한 편지를 본즉 좋아하되 그 연고를 모르고, 숙정을 불러들여 구구히 의논하고 작은 버들고리를 치마 속에 싸 가지고 철향과 소인을 데리고 황혼에 통명전 왼편 연못가 여러 곳에 묻고, 또 무엇인지 봉한 것을 봉지봉지 만들어 상춘각 부중('부'의 이름이 붙였던 예전 행정구역의 안) 섬돌 아래 곳곳이 묻고 신은 돌아다니며 사람의 기척을 살피고, 신은 철향 등과 함께 다녔으나 그 속에 든 것은 모르옵고, 하루는 취영이 빈께 고하기를, '행사를 다 하였나이다' 한즉 빈이 말하기를, '시영, 철향이 다 그 곳을 아느냐?' 하거늘, '함께 다니며 하였사오니 어찌 모르오며 철향 등이 심복이오나 명분이 다르오니, 속이는 것은 좋지 않으니 알게 하소서' 하였나이다. 신은 그 속을 모르오되 이해로 데려가 세를 두려 모역한 것이 적실하오이다."

하니 시영은 사십일 세라, 요악하나 감히 숨기지 못하여 복초하기를,

"해골에 오색 비단 옷을 입혀, 중전 생년 생월 생시를 써 묻고 의복 지은 곳에 해골 가루를 솜에 뿌리고 또 해골을 싸서 염습하여 묻었다가 들여가니 중전이 받지 않으시더니, 이듬해 탄일에 올려도 또 받지 않으시다가 춘궁전하의 낯을 보사 받으시니, 축사와 요얼을 만든 것은 다 숙정의 조화로소이다."

하였다.

즉시 숙정과 무녀 술사를 잡아들이며 엄형 국문하시니 무녀 술사가 초사에 말하기를,

"일찍이 장희재를 사귀었삽더니 귀양갈 때 은돈을 많이 주며 빈께 천거하니, 천한 것이 무지하와 보화를 탐하여 대역을 지었사오니 지만(옛날 죄인이 자백할 때에 '너무 오래 속여 미안하다'는 뜻으로 자기의 자복함을 일컫는 말)이로소이다."

하였다.

숙정을 국문하시니 주초 왈,

"희빈이 매양 궁녀를 보내어 어린아이 옷을 지어 달라 함에 지었나이다. 또한 수시로 보물을 많이 보내고 또 이르되 취선당이 절로 울고 희빈 병환이 계시니 굿을 하겠다고 청하거늘 들어가오니, 무녀 술사를 시켜 중전 망하심을 축수하는데, 빈이 실정을 일러 모의하니 죽을 때라 동참하옵고 중전의 의대를 지은 것도 신이 하고 해골은 희재의 청지기 철명이 얻어 들였나이다."

하자, 철명을 잡아들이라 하시니 도망하였으나 워낙 용모가 특이한 고로 수일 안에 잡아들이니,

"희재와 사생의 의가 있어 귀양갈 때 은자를 많이 주며 '희빈이 부리는 일이 있거든 진심으로 하라' 한 고로 팔도에서 몹쓸 해골을 다 얻어 들였나이다."

하였다.

초사가 이구동성이니 만조 시신이 모골이 송연하여, 곳곳에 묻은 것을 파내니 그 모양이 흉한 것도 있고 요사한 것도 있어 차마 대하지 못하고, 종전의 의복을 꺼내어 솜을 터니 과연 푸른 가루가 날리므로 주상께서 진노하시고 이윽고 추연히 장탄하여 이르시기를,

"도시 과인이 불명하여 궁중에 이런 변이 나니 어찌 누구를 나무라리요. 구천타일에 무슨 면목으로 중궁을 볼 것인고."

하시며 그 날로 죄인 십여 인을 군기시(조선조 때 병기, 거치, 융장 등의

영조를 맡아 관리하던 곳)에서 능지처참하고 몇몇 궁인과 마직은 멀리 귀양보내시고 전교에 이르시기를,

"국모를 모살하니 이 막대한 옥사로되, 대역부도의 신하가 연일 죄를 논하는 상소를 올려 드러날까 두려워 친국함은 임군의 체면이 아니라 하고 거역하니 너희 뜻을 좇아 중궁 모살한 원수를 잡지 않음이 옳더냐? 이런 신하를 두면 반드시 후환이 있을 것이매, 영의정 최석정으로 변원에 유배하고 기녀는 삭탈관직하노라."

하시고, 장 희빈을 본궁에 가두었더니 처지를 생각하실새 경각에 도끼로 참하시고 싶으되 부자는 오상의 대륜이라, 세자의 낯을 보지 않을 수 없어 중형을 못하시고 이르시되,

"옛 한무제도 무죄한 구익 부인을 죽였거니와 이제 장녀는 오형지참(다섯 가지 형벌로 다스려 죽임. 오형은 즉 태형, 장형, 도형, 유형, 사형)을 할 것이요 죄를 속이지 못할 바로되, 세자의 정리를 생각하여 감소 감형하여 신체를 온전히 하여 한 그릇의 독약을 각별히 신칙하노라."

하시며 궁녀를 명하여 보내시며 전교하사,

"네 대역부도의 죄를 짓고 어찌 마약을 기다리리요. 빨리 죽임이 옳거늘 요약한 인물이 행여 살까 하고 편안히 하늘을 보고 있으니 더욱 죽을 죄노라. 동궁의 낯을 보아 형체를 온전히 하여 죽음이 네게 영화라. 빨리 죽어 요괴로운 자취로 일시도 머무르지 말라."

하시었다. 장씨는 이 때 온갖 죄상이 다 탄로나서 일국 만성이 회자(널리 사람의 입에 오르내림)하되 조금도 두려워하는 빛과 부끄러워함도 없고 중궁을 모살한 것만 기뻐하고 세자의 형세를 믿고 설마 죽이기야 하랴, 두 눈이 말똥말똥하여 독살만 부리더니 약을 보고 고성발악하며,

"내 무슨 죄가 있어서 사약하리요. 구태여 나를 죽이려거든 내 아들

　을 먼저 죽이라."

하고 약그릇을 엎으며 궁녀를 호령하니, 궁녀 위력으로 핍박치 못하여 이대로 위에 알리니 주상께서 진노하사,

　"내 앞에서 죽일 것이로되 네 얼굴 보기 더러워 약을 보내니 네 염치 있을진대 스스로 죽어 자식이 편하고 남의 손에 죽지 않음이 옳거늘 자식을 유세하여 뉘게 발악하느뇨? 이 약이 네게는 상인 줄 알고 죄 위에 죄를 더하여 삼척지율을 받지 말라."

하시니, 궁녀가 어명을 전하나 장씨 발을 구르며 손뼉을 치고 발악하여 말하기를,

　"민씨 단명하여 죽음이 내가 아랑곳이더냐? 너희들이 감히 나를 죽이 니, 후일 세자의 손에 살까 싶더냐?"

하며 불순 포악한 소리가 악착 같으니 상께서 들으시고 분연하사 좌우

에게,

"옥고를 가져오라."

하사 타시고 영숙궁으로 친림하사 청사에 앉으시고 좌우를 호령하사 장씨를 끌어내려 당에 내리우고 꾸짖어 가라사대,

"네 중궁을 모살하고 대역부도함이 천지에 당연하니 반드시 네 머리와 수족을 베어 천하를 효시할 것으로되, 자식의 낯을 보아 특별한 은혜로 가벼운 벌을 내렸거늘, 갈수록 태만하여 죄 위에 죄를 짓느뇨?"

하시었다.

장씨, 눈을 독하게 떠 천안을 우러러뵈옵고 높은 소리로 말하기를,

"민씨 내게 원망을 끼치어 형벌로 죽었거늘 내게 무슨 죄가 있으며, 전하께서 정치를 아니 밝히시니 임군의 도리가 아니옵니다."

하였다.

살기가 자못 등등하니 주상께서 진노하사 용안을 치켜뜨시고 소매를 걷으시며 여성(성이 나서 큰 소리를 지름)하여 이르시기를,

"천고에 저런 요악한 년이 또 어디 있으리요? 빨리 약을 먹이라."

하시나, 장씨, 손으로 궁녀를 치고 몸을 뒤틀며 발악하여 말하기를,

"세자와 함께 죽이라. 내 무슨 죄가 있느뇨?"

하였다.

상께서 더욱 노하시어 좌우에게,

"붙들고 먹이라."

하시니, 여러 궁녀 황황히 달려들어 팔을 잡고 허리를 안고 먹이려 하니 입을 다물고 뿌리치니 주상께서 내려보시고 더욱 대로하사 분연히 일어나시며 막대로 입을 벌리고,

"부으라."

하시니, 여러 궁녀 숟가락총으로 입을 벌리는지라, 장씨 이에는 위급한 지라 실성 애통하여 말하되,

"전하, 내 죄를 보지 마시고 옛날 정과 자식의 낯을 보아 목숨만은 용
서해 주옵소서."

하였다.

하나 주상께서 들은 체도 아니 하시고 먹이기를 재촉하시니, 장씨는 공교한 말로 눈물을 비같이 흘리며 주상을 우러러뵈오며 참연히 빌며 말하기를,

"이 약을 먹여 죽이려 하시거든 자식이나 보아 구원의 한이 없게 하여
주소서."

하며 간악한 소리로 슬피 우니, 요악한 정리는 사람의 심장을 녹이고 처량한 소리는 차마 듣지 못할 것 같으니 좌우 도리어 불쌍한 마음이 있으되, 상께서는 조금도 측은한 마음이 아니 계시고,

"빨리 먹이라."

하여 연이어 세 그릇을 부으니 경각에 크게 한 번 소리를 지르고 섬돌 아래 고꾸라져 유혈이 샘솟듯 하니 한 그릇의 약으로도 오장이 다 녹거든 하물며 세 그릇을 함께 부었으니 경각에 칠규(사람 얼굴에 있는 귀, 눈, 코들의 각 두 구멍과 입 한 구멍)로 검은 피가 솟아나 땅에 괴니 슬프다, 자그마한 궁인의 몸으로 천승국모를 모살하고 여러 목숨이 모두 검하에 죽게 되니 하늘이 어찌 재앙을 내리시지 않으리요.

주상께서 그 죽은 모습을 보시고 외전으로 나오시며,

"신체를 궁 밖으로 내라."

하시고 이튿날 하교하시기를,

"장씨의 죄악이 중하여 왕법을 행하였으나, 자식은 모자지정이라 세
자의 정리를 보아 초초히(간략하게) 예로써 장례를 지내라."

하시고, 장희재를 극형에 처하여 육신을 갈라서 죽이시고 가재를 몰수하시니, 나라 안의 온 백성들이 상쾌히 여겨 아니 즐기는 이 없더라.

장씨의 주검을 뉘라서 정성으로 시수(시체를 거둠)하리요. 피묻은 옷에 휘말아 소금장을 덮어 궁 밖으로 내어 방 안에 누이고 주상의 명령을 기다리더니,

"염장하라."

하심에 들어가 입관하려고 하니 하룻밤 사이에 시체가 다 녹아 검은 피가 방 안에 가득하여 신체가 뜨게 되고 흉악한 냄새는 차마 맡지 못하니, 차라리 형벌로 죽는 것만 같지 못하니 보는 이마다 탄식하고 한탄하며 윤회응보를 눈앞에 본다 하더라.

희재의 신체는 찾을 이 없고 인심이 다 분해 이를 가는 고로 군기시 앞에 사람마다 막대에 꿰어 들고 효시하니, 슬프다, 사람이 자기의 근본을 생각지 않은즉 앙화가 내리는 법이니, 제 불과 한 천인 궁속으로 다니다가 제 누이 경궁에 깃들여 옥궐의 귀인이 되니 분에 족하고 영화 충분하거늘, 만족할 줄을 모르고 참담한 뜻을 두어 대역을 행하다가 이 지경이 되니, 세상 사람들에게 경계하여 조심하라는 뜻이 아니랴?

주상께서 친국옥사를 다 결단하시고 시월 열나흗날을 당하시어 혼전에 친히 임하시어 제문을 지어 제사를 지내시니 그 대강 내용을 살펴본즉 이르시기를,

현후께서 운간에 오른 지 이미 해와 달이 여러 번 갔는지라, 음용이 깊고 깊었으나 과인이 생각하고 슬퍼함은 날로 더하고 달로 더하여 지난일을 뉘우치고 이제는 느껴 한이 골수에 사무쳤거늘 누가 현후로 하여금 간인의 작해를 입어 비운에 추명하실 줄 알았으리요. 대역간인이 국모곡계할 양으로 신당을 베풀고 안으로 요사를

묻어 흉한 넋의 해가 후의 신상에 미칠 줄 뉘 알았으리요? 별난 증세를 참지 못하시던 일을 생각하면 심장이 뛰는지라, 후의 현덕과 지선한 성품으로 어찌 간인의 해를 입으며, 민씨의 집 음덕이 깊고 후하거늘 어찌 도움이 무심한지고.

차희(슬프도다)라, 이는 과인이 덕이 없고 총명하지 못하여 간흉을 미리 방지할 줄 몰라 큰 화를 스스로 얻음이로다. 뉘우친들 무슨 소용이 있으리요. 후는 비명에 돌아가고 간인은 화당에 안거하니, 후의 영혼이 높은 구름에 비껴 있어 과인을 한함이 깊었더라. 오, 슬프도다! 누가 죽으면 아는 게 없다고 하드뇨? 후의 일월 같은 정신이 흩어지지 않아 혼이 밝고 백이 투철한지라, 혼몽을 빌어 가르침이 분명한지라, 이 어찌 돌아갔다고 하리요? 맹연히 깨달아 간흉을 잡아 요사스러운 얼을 숙청하니, 요악한 허리와 간사한 머리를 도끼와 짐독으로 죽이도다. 후의 원통하고 억울한 수한을 갚음이 분명하되 사자는 불가부생(다시 살아날 수 없음)이라. 후를 일으키지 못하니 지통함이 더하고 분이 풀리지 않도다.

오, 슬프도다! 후의 정령도 유명간에 더욱 슬퍼하리로다.

옛날에 후의 지인지감(사람을 알아보는 감식)이 영특하사 간인을 근신치 말라 하시되, 과인이 어두워서 깨닫지 못하고 큰 화를 자초하였으매, 이제 후의 명령의 가르침이 없었던들 반드시 원수를 갚지 못하고 도리어 요얼이 궁중에 가득하여 위망을 볼 것이로되 명령의 가르침을 입어 궁내를 숙청하고 과인의 어두운 매명(사리에 어둡고 어리석다는 이름)을 면하게 되었도다. 요인이 후의 생전 해인이요 사후 원수로, 후의 체모가 높고 덕이 두터워 세자 애휼함이 기출에 지나고 세자를 고념하여 화를 자초함이로다.

현재라! 후의 명철한 덕성이 생전 신민에 들리고 사후 밝은 정령이 일국의 원을 풀었도다.

　오! 슬프도다! 후의 성령이 명명히 살피는지라. 과인의 이렇듯 슬
퍼함을 유념치 않으시느뇨?

　읽기를 마침에 곡성이 절절애애하시니 좌우 우러러 눈물을 금치 못하
고 궁중이 새로이 골몰 망극해하되 세자가 계신 고로 감히 말을 못하
나, 인사를 아신 후 당신 어머니 때문에 한이 되시나 중궁전 성모의 은
애를 받자와 지성이 극진하시더니 뜻밖의 화변을 만나사 처신을 어떻게
하실 줄 모르다 죄인을 자처하고 여러 번 상소하시어 죄를 청하시고 동
궁의 자리를 사양하시니 주상께서 추연히 감동하시어 이르시기를,
　"어미의 죄로 무죄한 자식을 폐하리요? 그런 말은 다시 말라."
　세자께서는 오히려 두문불출하시고 위에 임하지 않고 사양하시니 상
께서 불러 자리에 앉히시고 손을 잡아 타이르시며 한탄하며 이르시기
를,
　"네 어미의 재앙이 자식에게까지 미쳐 골수에 병이 들고 진퇴무안하
　여 말이 이러니 네 어미의 죄는 다시 죽을 만하고 내 마음은 아프니
　라. 부자는 천성지친이라 아예 용서하니 그리 알아라. 자식이 어찌 거
　슬리리요. 다시 이런 말을 말라."
하시니, 세자께서 머리를 조아려 흐느껴 우시고 성은에 감격하시어 마
지못해 위에 서시나 평생 무관한 자리로 아시더라.
　섣달에 장차 발인(상여가 집에서 떠남)하실 때 또 제문을 지어 가라사
대,

　오! 슬프도다. 현후는 명가현원이요, 학자교훈을 얻었도다. 가례
하여 입궐함에 위로 대비께 대희심하심을 받잡고 아래로 만궁의

추복함을 입었도다.

　정사에 기틀이 완전하셔 내조로도 덕이 빈빈(문물이 성해 빛남)하더니, 국운이 불행하고 과인이 박덕하여 후의 덕성으로도 수를 누리지 못하시니, 오! 애닯도다, 후의 자취를 어느 곳으로 향하여 따라가 반기며 과인의 의심된 곳을 누구와 더불어 해석하리요. 혼전을 찾아와 영구를 대한즉 오히려 후의 음용을 대한 듯하더니, 일월이 유매(빨리 흐름)하여 장례 박두하니 후의 음용과 영구가 길이 궐중을 떠나게 되니 과인이 스스로 미친 듯하고 취한 듯하니 후의 영이 있을진대 또한 유념하여 느끼리로다.

　후는 돌아가매 생전 꽃다운 덕이 빛나고 사후 슬퍼하오니 만천하에 명성 더욱 빛나니 비록 세상에 없으나 있는 것 같거니와, 과인은 길고 긴 세상에 과실을 뉘우치고 유한이 자못 심하니 이 아픔을 어찌 견디리요. 이 세상에서의 산해 같은 은의를 느끼어 영결하매 능의 우편을 비워 놓고 훗날 동폄하기를 꾀하오니, 천추만세에 체백을 한 가지로 누리리로다.

　인산하신 후엔 슬퍼하심을 더욱 참지 못하시고 민문에 은영을 자주 내리사 예우하심을 나타내시되, 민부에서 더욱 송구하고 황송하여 겸손히 사퇴하여 긍긍업업(무척 조심함)하며 갈충보국 하더라.

　나라 체면에 곤위를 비우지 못하므로 조정 대신들이 아뢰나 주상께서 슬피 듣지 않으시더니, 대신들이 여러 번 아뢰니 마지못하여 중궁 간택을 하시어 경은부원군 김주신의 따님(인원왕후 김씨)을 뽑으사 임오년(숙종 28년, 1702)에 책봉 왕비하시고, 조하를 받으실 새 옛일을 추모하시어 용루 떨어져 용포를 적시니 비빈 궁녀 다 서러워 흐느껴 울었더니라.

훌훌히 삼년상을 마치심에 슬퍼하심이 세월이 갈수록 그치지 않으사 후의 유언을 좇아, 후를 모시고 육 년 고초를 한 상궁과 가깝게 모시던 궁녀 십여 인에게 충은으로 상급을 많이 하사하시고 민간에 돌아가서 인륜을 차리라 하시니, 여러 궁녀 황공감읍하여 대내를 차마 떠나지 못하더니라.

무술년(숙종 44년, 1718)에 창경궁 장춘헌에서 세자빈 심씨 훙(귀인의 죽음을 높여 부르는 말)하시니 자손이 없으셨고, 그 해에 다시 간선하여 함종 어씨(경종의 계비로, 함원부원군 어유구의 따님)로 세자빈을 책봉하시나 또 생산을 못하시고, 경자(숙종 46년, 1720) 유월 초파일 묘시에 경희궁 융복전에서 주상께서 승하하시니 재위 46년이요, 춘추 육십 세시라.

일국 신민이 다 망극하여 그 성덕대도와 성신문무하심이 만대의 영군이시라.

예로부터 참소에 속은 임금이 많으시되 우리 숙종 대왕처럼 오래지 않아 확연히 깨달으시어 광명정대하신 분은 역대에 걸쳐 오직 한 분뿐이시더라.

왕세자께서 즉위하시고 빈전 어씨를 책봉 왕후하시나 주상께서 병환이 계시사 농장지경(아들을 낳은 경사) 못 보실 줄 아시고 이듬해 신축년(경종 1년, 1721년 8월)에 연잉군 왕세제(왕위를 이을 동생)로 책봉하시고 군의 부인 달성 서씨(달성부원군 서종제의 따님으로, 영조의 왕비인 정성왕후임)로 세자빈을 책봉하시어 우애가 지극하시더니, 갑진년 창경궁 환취정에서 승하하시니(경종 4년, 1724년 8월 25일) 재위 4년이요, 춘추 삼십칠 세시라.

양주릉에 장사하옵고 왕세제께서 즉위하시니 이 어른이 곧 영조 대왕이시라.

효성이 지극하시며 요순의 도덕이 계시어 오십여 년 태평을 누리시니 숙종 대왕의 성덕 여음(선조가 끼친 공덕으로 자손이 받는 복)이시라, 어려 계실 때부터 민 대비 무애하시던 은혜를 잊지 못하시어 추모하심을 세월과 함께하시고, 명철성덕을 지니셨음에도 자손이 없으심을 크게 슬퍼하시어, 즉위하신 뒤로 안국동 본궁에 거둥하시어 육 년 고초를 하시던 당을 둘러보시고 대성통곡하시고 현판을 들여 어필로 감고당이라 하시고, 수래골 민 판서 집은 여양부원군 형님집이라 인현왕후 탄생하시던 집이니 또 거둥하시어 둘러보시고 돌비를 세워 '인현 성후 탄강구기'라고 어필로 쓰시고 민씨 일문에 은혜를 형특히 내리시니 이 또한 인현왕후 겸공비악하신 덕으로 하늘을 감동시킨 때문이더라.

주나라 임사(태임과 태사)의 성덕이 천추만대에 유전하고, 우리 왕조의 인현성비의 성덕이 주나라 임사 다음에 처음이시라 어찌 아름답지 않으리요.

수래골 집과 안국동 집은 민씨 대를 물리어 옮기지 못하느니라.

민후께서 출궁하신 후 장 희빈이 안으로 대응하고 간신이 밖으로 모의하여 후에게 사약하고 민씨 일문을 멸하고자 기회를 엿보나 천심이 허락치 않으시더니, 수년 후부터 깨달음이 계셔 여러 가지 의심스러운 일에 대하여 고요히 생각하시더니, 임신년(숙종 18년, 1692)에 일몽을 얻으시니 명성대비(숙종의 생모 되시는 김씨, 현종의 비) 안색이 진노하시어 주상을 책망하여 이르시되,

"중궁은 동국의 성녀요, 과인의 사랑하는 바이거늘 폐출하고 요악한 천인을 대위에 올리니 종묘사직이 욕된지라, 제향도 흠향(신명이 제물을 받음)도 아니하노라."

하시고 노색으로 떨쳐 일어나시어 옥교를 타시고 후원 문으로 하여 중궁을 보러 가노라 하시거늘, 주상께서 황황하시어 따라가시니 앞뒤 문을 꼭꼭 닫아걸고 집 가운데 풀과 먼지가 무성하거늘 한 곳 소당에 다

다라 보시니 민후께서 무색한 의복으로 천의를 바라고 앉아 계시다가 대비를 뵈옵고 눈물을 흘려 사은하시니, 대비 붙들고 애연 통곡하시며 말씀하시기를,

"이는 다 전생의 원수로 액운이 극심하나 오래지 않아 천운이 필시 돌아올 것이니 스스로 몸을 아껴 간인의 뜻을 모색치 말라."

하시니, 중궁을 모신 궁인이 일시에 통곡하는 소리에 놀라 깨시니 침상의 일몽이라.

대비전의 용안이 완연 명백하시고 민후의 거처하고 계신 집과 근신하사 죄인 겸양한 모습이 처량하시거늘, 도리어 슬퍼하사 비참함을 종일 정하지 못하시고 애연한 마음이 계시니 즉시로 환탈(이전대로 다시 뺏음)하고자 하시나, 국체중난하여 경솔하게 못하시는 고로 묵묵히 참으시고 기색을 근시하시고 측근자를 놓아 염문하시니 이 때 액정 소속은 다 궁인의 족속이라, 중궁은 그네들의 한이 되었더니 이 때를 타서 폐후의 자처죄인하시고 인적이 그친 말씀과 민씨의 충공정념하여 근신하는 바를 천심이 감동하시도록 아뢰니 상께서 꿈과 같으신 줄 아시고, 간인의 참선하는 바는,

"중궁이 일찍이 생각 밖으로 외인을 상종하고 인심을 모아서 대역을 도모하고 신령께 축원하여 상을 방자하더라."

하니, 상께서 들으시는 체하시고 천위묵묵하사 민씨를 두호하시게 된 것이더라.

갑술년에 환탈하시어 급급히 복위하시고 국사 여가에는 중궁전을 떠나지 않으시더니 하루는 주상께서 이르시기를,

"입궁하심을 그토록 고집하여 과인으로 하여금 답답하게 하셨나뇨? 과인의 성질이 급하여 참지 못하니 사리를 깊이 생각지 못한 게 회지무급(후회해도 미치지 못함. 후회막급)이라. 내가 장녀를 먼저 폐하고

과인이 친림 거둥하여 후를 맞아 왔더라면 체모도 극진하고 중궁께도 영화와 몸가짐 자중할 것을, 내 미처 생각지 못하였으니 애달프오이다."

하시니, 후께서 손사하사 성심이 이렇게 미치심을 사례하셨더라.

세자께서 매양 앞에서 놀 때, 아름다운 실과와 빛난 꽃을 갖다가 후께 드리고 주상께 아뢰시기를,

"영숙궁 모친은 어진 기운이 없고, 새로 오신 모비는 얼굴조차 착하셔요."

하셨더라.

하루는 산호로 꾸민 칼 한 자루를 갖다가 후께 드리며,

"이것이 곱사오니 차옵소서."

하셨더라.

복위하시던 날, 주상께서 내전에 들어오시어 부원군 작호를 친히 써서 내리시면서 후께 이르시기를,

"전 부부인(숙종의 처음 왕비의 부친 광성 부원군 김만기의 부인을 말함) 작호는 생각나되, 지금 부부인(인현왕후의 생모 송씨를 말함) 작호는 생각지 못하니 무엇이뇨?"

하시니 후께서 아시면서 대답하시어,

"주상께서 생각지 못하시니 또한 생각지 못하나이다."

하시었다.

상께서 미소 지으시며,

"후는 태사라, 어찌 생각지 못하시리요?"

하시니, 깊이 생각하시다가 깨달으시고 작호를 써서 조정에 내리시니 후께서 근심스레 슬퍼하시나 나타내지 않으시더라. 조정에서 친필로 하교하시는 은영을 감축하고 흠복할 따름이더라.

민씨 집안의 여러 사람에게 새 벼슬을 주어 부르신대 황공불감하여
사양하고 입조치 않으니, 상께서 여러 번 은혜 형특하신 고로 마지못해
입조하니 충렬이 새로이 늠연한 고로, 주상께서 예우하심을 극진히 하
시고 후께 이르시기를,

　　"평생에 즐겁고 기쁜 일이 없더니, 중궁이 다시 복위하시니 그보다
　　더 기쁜 일이 없도다."
하시더니라.

계축일기

작가 미상

계축일기

제1권

만력 임인년 선조 35년에 중전이 아기를 겨오시다(잉태하시다)○○○○(원문 중 불분명한 부분. '이야기를' 정도의 뜻일 듯함) 듣고, 유가(광해군의 장인 문양부원군 유자신)가, ○○○○ ○○○ ○○○○ ○○ (원문 중 불분명한 부분. '중전으로 하여금 놀라시게 하여' 정도의 뜻일 듯함) 낙태하실 일을 하노라 놀래오대, 대궐에 팔매질도 하고 궐내 사람들을 사귀어 나인 측간에 구멍을 뚫고 나무로 쑤시며 여염처에 명화 강도 났다 소문내니 이 때에 궁중에서도 유가를 의심하더라.

계묘년에 ○○○○(원문 중 불분명한 부분. '중전께서'의 정도일 듯함) 공주를 탄생하오시니 분말(조보에 중요한 사항이 있을 때 조보를 발행하기 전에 먼저 베껴 돌리는 것. 여기서는 같은 뜻의 말이 겹쳐 씌어짐) 미처 발행하기 전에 먼저 베껴 돌리되 오전하여 대군을 낳으셨다 듣고 유가는 아무런 대답도 하지 않다가 공주를 낳으셨다는 것을 알게 된 뒤에야 무엇을 주더라 하니, 이것으로 미루어 보아도 얼마나 미워함을 알리러라.

그 후 병오년(선조 39년)에 대군(영창 대군을 말함)을 낳으시단 소식을 듣고 유자신이 집에서 머리를 싸매고 음흉한 생각을 한 나머지 적자가 태어났으니 동궁의 자리가 위태하다고 하여 동궁을 모시고 있는 권세 있는 신하들과 정인홍을 가까이 불러,

"아무려나 동궁을 위하여 정성들여 굿도 하고 점도 치도록 하라."

하며, 한편으로 말을 내되, 임해군이 자식이 없으니 임해군으로 세자를 삼아 대군에게 전하게 하려 하신다 하는 소문을 내어 천조(중국의 제왕)에 주청하기를 재촉하니, 갑진년에 광해군을 세자로 봉해야 한다는 사연을 표문(임금에게 표로 올리는 글)에 소상하고 간곡하게 지어 올렸으나, 천조에 대하여서는 뇌물을 바쳐 매수할 수도 없는 일이고 또한 조정이 옳은 것만 좇는 터요 황제도 엄하신지라 성지가 엄하시고 엄하시어,

"대례상 둘째 아들을 세움은 집과 나라가 한가지로 망하는 일이니 천조는 온 천하에 법을 적고 다스리는 마당에 한 조정을 위해서 이런 처사를 허용하지 못할 것이니라."

하시니, 상감의 엄한 뜻이 준절하기 이를 데 없고, 그 뒤 표문을 올리면 크게 꾸중을 내리시므로 봉세자하는 일은 그 장래가 막히지나 않을까 염려가 되더니, 이 때 예부관과 재상이 바뀜으로써 다시 주청하려다가 중도에 그만두었다는 말을 물었더니 유가의 일파가 이르기를,

"적자가 나시니 봉세자 주청을 아니한다."

하더니, 선조 대왕께서 병환이 나셨을 때 정인홍, 이이첨 등 대여섯 사람이,

"유영경(당시의 영의정)이 임해군을 위하여 광해군으로 봉세자 할 것을 주청을 아니하니 수상 유영경의 머리를 주소서."

하는 상소를 하되, 상감의 뜻에 거슬리는 주사를 그지없이 난폭하고 차마 입 밖에 낼 수 없는 말을 써서 상소를 하니, 이미 여러 해째 병환으로 침식을 제대로 못하시고 기운이 지치실 대로 지치신 상감께서 이 상소문을 보시고,

"제 어찌 군부를 협박하는 짓을 하는고?"

하시고 몹시 분개하심을 이기지 못하시어 침식을 전폐하시고,

"인흥 등을 귀양 보내라."

하시었다. 겨우 이 말씀을 전교하시고 드디어 홍서(왕공 귀인의 죽음을 높이어 일컫는 말)하시거늘, 지체하지 않고 세자(광해군을 말함)와 세자빈을 침전에 들게 하여 계자(왕이 재가한 문서에 찍는 인)와 새보(왕실의 인신을 말함)와 마패 등 이렇듯 중대한 것들을 즉시 내어 주고 세자와 제자에게 하신 유교를 후궁이 하면서,

"대군에게 나리신 유교도 지금 함께 내리소서."

하니 중전께서는 인사불성하셨던 끝이라,

"그 유교는 이제 내림이 같지 않다."

라고만 하실 뿐이어서, 뭇 사람들의 의견을 좇아 세자에게 먼저 알리고 이어 조정에 내닫더라.

이러한 것을 이 유교를 내렸다고 하면서 큰 허물로 삼으니, 정말로 대군을 세우려 하면 대권을 손 안에 쥐고 계신데도 불구하고 옥새를 내서 행사치 않으시고 어찌 세자인 광해군한테 즉시로 보내시며, 유교에,

"참언이나 모함하는 일이 있어도 마음에 두지 말고 어린 대군을 어여 삐 여기라."

라고 말씀하셨거늘, 어찌 유교대로 대군으로 하여금 위에 세우게 하실 일이 있으리요.

정미년 시월, 상감께서 편찮으셨을 때에도 동궁(광해군을 일컬음)과 빈을 즉시 불러들여 곁에서 모시고 탕약을 받들어 올리게 하시며, 동궁이 불민하여 성의를 어기는 일이 있을 때에도 내전(선조의 계비인 인목대비를 말함)으로 계셔서 중간에서 좋도록 꾸려 나가시니 그 때에는,

"내전의 은덕이 크고 지중하도다!"

하며 기뻐하더니, 점점 주위에 이간질하는 사람이 있어서 임해군부터 없앨 계책을 세워 의롭지 않은 일에는 흉하고 악한 터라, 마침내 소장

에다 큰 재난을 붙여 내니 그런 간사한 사람이 어디 있으리요.

대개 어렸을 적부터 불민하게 여겨 오신 터였으나 임진왜란 때에 갑자기 광해군을 왕세자로 정하신지라, 항상 교훈하시고 전교를 내리시지만 일체 순순히 순종하는 일이라고는 없어 상감께서 타이르시는 족족 원수처럼만 생각하니, 말씀하시기를,

"자식이 되어서 어버이에게 하는 도리를 어찌 저렇듯 할 것이리요?"

하오시고 마땅치 않게 생각하시던 터에 의인왕후(선조의 초비 박씨임)의 재궁(임금·왕대비·왕비·왕세자들의 유해를 모시는 관)이 아직 빈전에 계실 때인데도 불구하고 후궁의 조카를 들여다가 첩을 삼으려 하기에,

"못하리라. 어찌 부덕한 일을 하려 하느뇨?"

하시면서 허락하지 않으신 일을 깊이깊이 한으로 여겼다가, 병오년에 대화를 일으켜 큰 세력을 잡으려고 크게 욕심을 내어 상감을 기만하고 들여가려 하여 후궁을 위협하며,

"내가 하는 일을 상감께 아뢰거나 조카를 주지 않거나 하면 후일에 삼족을 멸할 테니 그리 알라."

하면서 공갈과 협박을 하고 한편으로는 나인을 보내어 빼앗아 갔던 것이더라.

상감께서 그 일을 들으시고 몹시 추악한 일로 여기시어 이르시되,

"옛적 세종조에 소헌왕후를 그 아버님 일로 태종께서 폐하려고 하시니 세종께서 '그렇게 하겠습니다' 하시면서 '여덟 명의 대군은 어떻게 처치하오리까?' 하시니 태종께서 그제서야 폐하지 말라 하신 일까지 있거늘, 어린 계집 하나가 무엇이 그다지도 귀하다고 어버이까지 속이며 데려가니 흉악한 뜻이로다."

하시고, 그 뒤부터는 더욱 마땅치 않게 여기셨던 것이었다.

대체로 병오년에 대군이 태어나시면서부터 없앨 마음을 품어 눈엣가

시와 의붓자식처럼 여기다가 대군이 점점 자라남에 따라 큰 변을 일으켜서 갑작스레 없앨 일을 날마다 유가와 모의를 하니 저 철부지 어린 대군이 그지없이 불쌍하고 가엾게 생각될 것이언만, 늘 크든 작든 간에 능히 할 수 있는 일도 순종하며 행하지 않고 뜻을 거슬리며 홀대하는 것이 매우 심하더라.

정인홍 등은 미처 적소까지 가지 않아서 상감께서 홍서하시자 즉시 그 날로 궁궐 전각 아래 불러들여 순서도 밟지 않고 벼슬에 올려 쓰고, 홍서하신 지 두 주일이 되자 형님인 임해군을 외척으로 내리도록 사헌부와 사간원에서 논계하도록 시켜 놓고는 임해군한테는 계사(사헌부와 사간원에서 올린, 논죄에 관한 상주문서)를 보이며 말하기를,

"이제라도 대궐에서 나가면 죄를 벗을 수가 있지만 궐내에 그냥 머무른다면 죄가 더 무거워질 것이니, 내 다 알아서 이르는 노릇이니 빨리 나가도록 하시오."

하고, 한편 대궐 밖에 군사를 잠복시켜 놓았던 것이더라.

임해군이 꾀어 넘어가서 즉시 대궐 밖으로 나가니 군사들이 일제히 달려들어 포위하여 비변사(조선조 때 군국의 사무를 맡아 처리하던 관아)에 구류하였다가 교동(경기도 강화군에 있는 섬)으로 귀양을 보내니 그 곳에서도 감금을 당하고 있더라. 이 때 어사당인(임해군의 질병을 조사하기 위해 명나라에서 온 차관 요동도사)이 입경하니, 임해군더러 이르기를,

"전신불수한 체하면 처자와 함께 살도록 해 주겠거니와 만일 분부대로 아니하면 죽이리라."

하면서 생모인 공빈(선조의 후궁)의 사촌 오라버니 김예직을 보내어 은근히 달래니 그런대로 곧이듣고 분부대로 했건만, 명의 차관인 요동도사가 돌아가자 심복인 의원을 보내어 독약을 내려 죽이니라.

임해군 죽일 때 대군도 함께 죽이려고 상소문을 올리니 조정이 시비

하되,

"당시 강보에 싸여 있는 어린 몸이고 또 선정을 베푸는 이 마당에서 형제를 둘씩이나 함께 죽인다는 건 어려운 노릇이오."

하니, 대군은 죽이지 않고 그냥 두었더라.

상감이 처음엔 하루 삼시로 대비께 문안을 자주 드리는 척하더니, 차차 초하루와 보름으로 한 달에 두 번이 되고, 그것도 무슨 일이 있으면 핑계삼아 거르기가 일쑤였다. 또 문안을 드리러 와서도 대비께서 예사 말씀이라 생각하고 계셨던 속말씀이거나 혹 일가에 대한 걱정이라도 하실 양이면 자세히 듣지도 않은 채,

"아무란 하여이다."

할 뿐, 무슨 말씀을 의논이라도 하시려면 손을 내둘러 휘저으며 국모의 분부를 들을 생각도 않고 그냥 일어나 횡하니 나가 버렸다.

이런 일이 있은 뒤에는 한참 만에야 문안을 드린답시고 와서 머무르기는커녕 앉는 듯 마는 듯하다 일어나 버리니, 모자간에 무슨 아기자기한 말 한 마디 있으리요.

대왕께서 훙서하신 지 삼칠일 만에 상감이 문안을 드렸을 때의 일이다. 보통 벗의 조상도 처음 만나면 곡을 하는 게 예사이건만, 대비께서 슬피 곡을 하시니 들어오다 손을 내어 휘저으며 시위하는 이에게,

"우지 마시게 하여라."

하고는 혼자서 투덜거리며, 곡은 말할 것도 없으며 조금도 슬퍼하는 기색이 없으니 자식에 대한 정도 없거니와, 일가들이라고 상가에 와 보면 어찌 마음이 무심할 것이랴, 정말 인정이라곤 조금도 없더라.

대왕의 시호를 올리게 될 때 대비께서 상감께 말씀하시기를,

"임진왜란 때 쇠해 가던 나라를 다시 일으키신 공은 말할 것도 없거니와 조종이 망극하시되 종계변무지공(이씨 조선 건국의 승인을 얻기

위해 명나라에 제출했던 서류에 이성계의 아버지 이름이 잘못 씌어 있는 것을, 선조에 이르러서야 비로소 시정한 일)은 크고 크시니 창업지주보다 떨어지시지 않으시오. 묘를 심상히 마시고 깊이 헤아려 하소서."

하시니, 한참 생각하다가 여쭈기를,

"비록 공이 있으시나 임진왜란으로 말미암아 조종이 편안히 지내시지를 못하셨으니 어찌 공이 있으시다고 할 수 있겠습니까? 다시 말씀하시지 마소이다."

하니, 상감한테 의논하시면서 다시 한 번 간절히 말씀하시나 듣지 않을 뿐 아니라 대비께 맞대 놓고,

"종자를 가지셨다고 더 나을 것이 없습니다."

하니, 그 불효함은 능히 알 만하였다.

예부터 자전(임금의 어머니. 자성)께서 초상 때는 으레 배릉하시는 것이 예임에, 대비께서,

"가고 싶으오."

하시니,

"가심이 아직 불가하나이다. 굳이 가시려거든 소상 때에나 가소서."

하니, 겨우 소상 때까지 기다리셨으나,

"가고 싶으오."

하시자, 또 트집을 잡되,

"조정이 하도 막으니 못 가시겠습니다. 대상 때에나 가소서."

하시고는, 또 대상이 다다르니,

"이미 다 지났는데 이제 가신다고 무슨 도움이 되시겠습니까? 옛날 왕후들이 가셨던 것도 예가 아닙니다. 폐를 끼칠 따름이지 보살피실 일이 없으니 절대로 못 가시리이다."

하더라. 3년을 두고 간곡히 빌어도 보시고 달래도 보셨지만 뜻을 이루

지 못하셨으니 그렇게도 불쌍하신 일이 또 어디 있으리요.

"혼전에 나가 뵙고 싶으오."

하셨는데, 그것조차도 여러 번 막으니, 할 수 없이 뵙기에도 딱할 정도로 내전(왕비의 존칭. 여기서는 광해군의 비를 말함)께 비시니,

"본대 대전이 변통이 없어서 그러시는 거니 되도록 가시게 하리이다."

하더니, 내전의 명령으로 가까스로 허락이 되더라. 날짜를 촉박하게 정해 놓고 나인을 보내어 유희분한테는 날을 물리라고 일렀던 것이며, 우리 전에서는 제전에 쓸 음식을 서둘러 장만하였는데, 내전은 대수롭지 않게 여겨 제전을 않으려고 했다가 갑자기 생각하여 하느라고 이런 큰 일은 내쪽에 편하게는 할망정 남의 폐는 조금도 생각하지 않으니, 모든 일을 이렇게 하니 어디다가 민망하다 말을 할 수 있으리요.

음식을 만들어 놓고 여러 날을 물렸으며 우리 전에서는 장만한 음식을 모두 버리고 새로 장만하지 않을 수 없더라.

상감이 어쩌다가 내전에서 진지를 드는 일이 있어도 정명 공주는 받들어 올려도 영창 대군은 받들지 않았더라.

대전이 말하기를,

"대비전에 문안 드리러 가면 대군의 소리는 참 듣기 싫더라."

하더라.

하루는 대군이,

"대전 형님이 보아지라(보고 싶다)."

하시며 하도 그러시기에 공주와 대군 두 아기를 문안 오셨을 때에 앉혀 뵈니,

"공주란 나아오라."

하며 만져 보고,

"정말 영민하고 예쁘이다."

하고, 대군은 본 체도 않고 말도 않으니, 어려워하시기에 대비께서 말씀하시기를,

"너도 상감 앞으로 나아오너라."

하시기에, 일어나 대전 앞에 서시되 본 체도 않으니, 대군이 나가 우시며,

"대전 형님은 누님은 귀여워하셔도 나는 본 체도 않으시니, 나도 누님처럼 여자로 태어날걸 무슨 일로 사내로 태어났는고."

하시고 하루 종일 우시니 보기에도 정말 민망하더라.

대전이 늘 이르되,

"내가 살아 있는 동안은 대군이 열이 있다 한들 두렵지 않지만 세자, 대군한테는 조카가 되니 단종조 때에도 조카를 죽이고 세조가 섰으니 이런 일이 생길까 두려워하노라. 내 부디 대군을 없애고 세자를 편히 살게 하렸노라."

하시니, 세자는 이런 말을 항상 들어 왔기에 대군 만나길 싫어하며 마치 무서운 거나 대하듯 하더라.

홍서하신 지 석 달 만에 대전이 수라를 못 자시기에 대비께서 육찬을 권하시니 권하신 지 두 번 만에 잡수시었다. 양즙(소의 위를 끓이거나 볶아 짜낸 물)을 하여 가지고 갔더니 자시고 물리면서 은근히 당부하기를,

"이 즙이 가장 입맛이 당기니 차게 채워 두었다가 다음에 달라."

하니, 나인이 비웃으면서,

"단 하루도 소찬을 못하시다가 하절에 서너 달씩이나 소(육식을 하지 아니하고 채소만 먹음)를 꾸준히 잘도 하시더니, 대비께서 권하시던 차에 하도 황송하여 육찬을 잡수시니, 양즙도 대비전께서 계시기 때문에 마지못해 됐다 달라 하시는 겁니다."

하니, 듣는 사람 모두가 마음속으로 우습게 여기더라.

정미년 시월부터 편찮으셔서 세자 광해군이 여차(왕을 모시는 주변에 오두막을 만들고 세자가 거처하는 곳)에 와서 시약을 하더니, 꾸준히 참고 들어앉아 있지를 못하여 공사를 보시던 청에 와 자리를 깔고 앉아 있곤 하다가 홍서하신 뒤에 이르기를,

"겨울에 찬 데 앉았던 일을 죽어도 잊으랴."

하더라.

빈측에도 한 달에 한 번씩 갈지말지 할 지경이더라. 슬픈 빛이라곤 찾아볼 수 없어 상복 중임에도 태연히 웃고, 대전상에 감선(나라에 변고가 있을 때 임금이 친히 근신하는 뜻을 보이려고 수라상의 음식 가짓수를 줄임)하는 척도 하고 입을 가리고 웃음을 참는 척도 하지만 미처 참지 못할 때에는 소리 내어 하도 웃으니 보기에 민망하더라.

대비께서 빈측에 와 곡하여 우시기를 그치지 않으시니,

"이 울음소리 어디서 나느냐?"

하시니 내관이 말하였다.

"자전에서 우시는 소립니다."

"무엇 때문에 저렇게 우시는고? 춘추 많으시고 사실 것 다 사셨는데 서러워하오심이 참 우습구나. 사람이 언제까지나 살 줄 알았나? 듣기 싫다."

하니, 좌우에 있던 사람들이 하도 어이가 없어 모두 속으로 웃더라. 공사 처리를 하도 못하여 단 한 장의 문서도 친히 결재를 못 내리는 형편이라, 여차 곁에 딸린 익랑방(문 좌우에 잇대어 지은 행랑방)에다 내전을 모셔다 두고 주야로 공사를 물어봐서 결재를 하곤 하더라. 간혹 내전이 빈청에라도 나가서 안 계실라치면 공사를 처리하지 못해서 혼자 쩔쩔매며 종이와 칼을 놓지 못하고 종이를 썰었다간 도로 붙여 보는가 하

면, 칼을 도로 벌려서 세워 놓든지 그렇지 않으면 혼자서 뭐라고 중얼거리고 있더라. 이럴 때 내관이 어쩌다 무슨 말이라도 할라치면 소리를 질러 꾸짖으므로 내관도 들어오질 못하고 밖에서 하늘만 쳐다보며 애를 태우는 형편이더라. 명종조부터 모시던 늙은 내관이 있었는데 당돌히 들어가서 아뢰기를,

"무슨 생각을 그렇게 하고 계시니까? 임해군께서도 벌써 남의 말을 듣고 입시하여 계시고, 이 공사는 조금도 어려운 것이 아니옵니다. 글을 배우신 지가 오래 되셔서 그러신가 하옵니다. 지혜는 글을 하는 데서 터득하는 것인가 하옵니다. 마마께서는 선왕이신 선조 대왕의 아드님이시고 들어 계옵신 집도, 종이와 필묵도 모두 선왕의 것이온데 이만한 공사를 처리하지 못하오셔 사람을 입시시켜 놓으시고 잠잠히 앉아만 계시옵니까? 도대체 칼과 종이로 무슨 일을 하시는고?"

하니, 그 때는 부끄러워 아무 말도 못했는데, 이 말이 퍼져 나가자 이 늙은 내관을 몹시 미워하다가 대군란 때에 죽이고야 말았던 것이더라.

내관에게 일을 한번 시키려면 열 번은 고쳐 시키며, 심부름을 한번 시킬 때도 열 번씩이나 다시 시키고 하였으니, 아무리 잘한들 상을 주는 법이 없으며 또 잘못 한다 해도 벌을 줄 줄을 모르더라.

유가가 늘 답답하게 여겨서 날마다 그때 그때 상감께 가르쳐 올리기를, 이제 아무개가 상소를 할 테니 이렇게 대답하시고 다음에 아무개가 계사를 할 것이니 저렇게 대답하시라고 수시로 한문으로 혹은 한글로 써서 광주리나 소쿠리에 몰래 넣어 가지고 다녔으며, 혹 문이 닫힌 때엔 동쪽 산에 있는 뒷간 근처에 당이 있어 그리로 사람이 들어갈 수 있게 작은 구멍을 뚫었으되, 하도 드나들어 구멍이 너무 커져 밖에서 빤히 들여다뵈지 못하도록 안쪽만 가려 두고 안팎에서 연락하여 출납을 하였던 것이다. 그것도 하도 잦아지니까 대궐 담 밖에다 종을 시켜 움

막을 짓게 하여 종을 살게 하여 놓고 밤이면 그 종을 시켜 유가한테 가 알아오게 하곤 했던 것이더라.

　침실에는 비단으로 싼 광주리며 보자기에 싼 소쿠리가 함부로 굴러다녔다. 시녀 한 사람이 밤낮으로 공사에 대한 대답을 알아오도록 유가에게 내곤 했더니, 날마다 공사가 있는 족족 써서 보내니 밥 먹을 새도 없기에 괴롭고 서러워 한번은 혼잣말로 말하기를,

　　"사나이가 되어서 이만한 공사 하나 처리하지 못하고 밤낮 남한테 물
　　어보고 다니다니. 우리 침실에는 소쿠리 광주리가 어떻게 많은지 방
　　에 온통 찼더라!"

하니, 대전이 이 소리를 듣고는 쫓아내고 소문을 퍼뜨리기를, 침실에 붙어 앉아 있지 아니하여 내쫓아 버린다 하더라. 본래 성품이 잔인하여 전에 없던 행실로 기둥으로 사람을 치기도 하고 채찍으로 치지 않으면 석쇠 같은 것으로 마구 치니 아프다는 소리가 진동하여 들리고,

　　"내전 마마, 살려 주소서."

하는 소리가 밖에까지 들리더라.

　내수사(궁중에서 쓰는 쌀, 베, 잡물과 노비에 관한 일을 맡아 보던 관아)에서 들여 오는 물건은 전례를 따라 전부터 대비전이 입량으로 쓰시는 것을, 한때는,

　　"꿀을 받아다 얼마큼만 대비전에 갖다 드리라."

하니, 차지내관(각 궁방의 일을 맡아 보는 사람) 이봉정이 말하되,

　　"마음쓰기 나름이지, 누가 감히 값을 따져서 드리겠습니까? 필요하실
　　때 쓰시도록 갖다 드리겠나이다."

하나 듣지 않고 또 한번은,

　　"대비전이 들여 오라고 하시는 물건은 나한테 먼저 알린 다음에 갖다
　　드리라."

하니, 그 뒤부터 먼저 상감께 취품(웃어른께 여쭈어서 그 의결을 기다리는 일)하는 버릇이 생겼더라.

　관청의 물건을 다른 곳으로 옮기니 어떤 이는 말하기를,

　"대비전께서 못 쓰시게 하시느라고 그리 한다."

하고, 어떤 사람은 말하기를,

　"혹시나 불의지변을 당하더라도 나중에 가서 살 수 있도록 하기 위함이노라."

하며, 이현궁이라 이름짓고 온갖 물건을 다 그 궁으로 가져다 쌓게 하더라.

　무신년 초에는 상감이 가장 공경하는 척하며 이르시기를,

　"내가 위하고 받들어 모시는 분은 자전이시니 하고자 하시는 일은 무슨 일이건 다 말씀하소서."

하니, 대비께서 감동하시고 고맙게 여기시며 세자를 향하여…… 그리 대답을 하옵시고, 대왕…… 진 이름을 얻으시려고 하시고, 모든 일에……(원문이 불분명하여 해독이 불가능한 부분임) 세자께서 영민하시니 더욱 기특히 생각하시면서 사내아이에게 소용되는 물건을 문안을 드리러 올 적마다 주시니 세자의 보모상궁인 옥환이 두 손을 모아 합장하고 높으신 덕을 축수하며 말하기를,

　"대비전이 아니시면 우리에게 무엇이 있사올꼬? 올 때마다 이렇게 주시니 대비 마마의 은덕은 하늘 같으시며, 아버님은 종이 한 장도 주지 않으시니 누구를 닮아서 그러신지, 종의 말을 듣지 않기로 말하자면 수레를 끄는 소라고 한들 그렇게 질기겠습니까? 선왕 마마의 아드님이지만 누어 놓은 똥이나 닮았다고 할까요. 똥을 누실 때는 아침부터 뒷간에 가 앉으면 겨울에는 오정 때까지 앉아서 누고, 문안을 드리려고 할 때에는 유난히 드나들며 똥을 두세 번씩 누시니 그런 애가

타는 노릇이 어디 있겠습니까? 무슨 일이든지 필요하실 때엔 기별하여 놓았으니 어련하랴 생각하지 마시고 여러 번 이르셔야지, 한번 들으신 일은 원래 들은 척도 않으시니 꼭 수레를 끄는 소 같으시옵니다."

하니, 모두들 어떻게 저런 말을 하시느냐고 했더니,

"소 같으니 어찌 소라 하지 않으랴?

하더라.

처음엔 상감의 말을 곧이듣고 마음씀이 참 너그럽다 했더니 점점 하는 모양이 푸대접이 심해지더니, 경술년과 신해년 사이에는 더욱 심해져서 대비전께 대해 불공함이 몹시 심하더라.

상궁 가히와 점차로 가까워지고 내전하고는 멀어지면서도 공사를 처리할 때에만은 내전을 불러 시키니, 나중엔 내전도 화가 나서 가지 않을 때도 있으니 그럴 때엔 친히 와 데려가 물어보고 또 내려와서도 물으니, 내전이 이르기를,

"이만 공사를 혼자서 처리하질 못하신다는 겁니까? 다음부턴 아예 나한테 물어볼 생각도 마소서."

하더라.

대군을 두고 여러 모로 의심을 한 뒤부터는 더욱 위엄을 보이느라고 고기를 불기만 쐴락말락하게 하여 많이 먹고 밥은 죽처럼 질게 해서 먹고 날고기를 즐기니 눈은 점점 붉어지기만 하더라. 산나물은 더럽다고 하면서 고기만 드시며 전유어와 곤엿을 즐기시더라.

행동이 괴이하여 다른 사람하고는 달라, 남이 하라고 하는 일은 절대로 안 하고, 남이 하지 말라는 일은 부득불 하였던 것이더라.

마음씨는 흉악하고 말은 실없이 하여, 위엄은 걸주(중국 하나라의 걸과 은나라의 주. 천하고금에 포악한 임금의 표본)를 받고 행실은 양제(중국의

수나라 제2대 임금. 운하를 파고 방탕한 생활을 하였으며, 대군을 보내어 우리 나라에 침입했다가 을지문덕에게 패함)보다 더하였으니, 대비께서 두려워하시며 후일에 선묘를 저버릴까 걱정을 하시더니 과연 난을 일으키고야 말았더라.

나인한테도 무신년 초에는 가장 후하게 대접하는 척하여,

"윗전을 잘 모셔서 평안하시니 너희들의 공이 없으면 어떻게 평안히 잘 지내오시리?"

하시며, 침실 상궁이 갈 때마다 인사를 늘어지게 하고 상도 주더니 신해년부터는 점점 소홀히 하여 본 체도 않고, 가면 날이 기울도록 밖에다 세워 두기가 일쑤고, 들어오라고 해야 옳으련만 사연이 있어 만날 수 없으니 돌아가라고 하더라.

늙은 상궁 하나가 말하기를, 선왕 마마께서는 윗전 나인이 가면 머리를 빗으시다가도 상궁을 침실로 들어오라 하셔서 왕후의 문안을 물으시고, 세수를 하시다가도 들어오라 하셔서 문안을 물어보시던 일을 말하니, 꾸짖어 이르기를,

"나는 차마 그렇게까지 못하겠다. 한 달에 두 번씩이나 친히 가서 문안을 하는데 나인을 불러서 친히 봐야 한단 말이냐? 내 마음대로 할 노릇이지 그런 일까지 선왕을 본받아야 하느냐? 나는 내 법대로 할 것이니 다시는 그런 말을 하지 마라."

하니, 듣는 사람이 모두 어이없어 하더라.

대전이 처음으로 배릉을 가니 재상들은 동구부터 통곡을 하려다가 겨우 참고 상감이 우시거든 실컷 울어야겠다 마음먹고 이제나저제나 하고 울 때를 기다렸건만 그냥 능 있는 데까지 올라갔다가 천천히 내려오시니 그 사이 누가 일러 주었는지 내려온 뒤에야 예조에게,

"울랴? 말랴?"

하고 물어보니,

"우셔야 옳다."

하니, 돌아올 때에야 우니 그 소리를 듣고 유생들이 말하기를,

"소리를 내지 않고 통곡을 하고는, 너무 울었다고 잘못 여기시겠지."

하더라.

이렇듯 천성이 효성이라곤 눈곱만큼도 없고 포악스러우니 우리 전한테 대해서야 어찌 또 지극하게 할 수 있으리요. 내전은 상사 때에도 문안을 드리러 오지 않기에 소상 때에 상복을 벗은 뒤에나 올까 여겼더니, 벗고도 오지 않을 뿐 아니라 그림자조차 얼씬도 않으며 내란만 조작하고 있더라.

신해년에 신궐(광해군 3년에 중수된 창덕궁을 가리킴)에 가 계셔서 후원 구경을 가시니 내전께서 이르시기를,

"나는 나이가 많고 윗전은 나이가 젊으시니 설마 내 뒤에는 못 서실 것이니, 내 잠깐 핑계를 대고 머무르거든 윗전을 먼저 모셔가도록 하라."

한 것이었더라.

몇 번이나 특히 유의하여 지내 보니 정말 대비전의 뒤 시위하는 것을 싫어서 안 하더라.

이 날 대비께서 들어오시다가 연(임금이 타는 가마의 하나)을 멘 하인이 넘어지는 바람에 연이 기울어지며 거의 떨어질 뻔한 일이 있었는데, 이런 일을 내전은 들어 뻔히 아시면서도 '어디 다치시지나 않으셨는지?' 물어보지도 않은 채 당신의 전각으로 가 버리더라.

늙은 나인들이 의인왕후 계셨을 때에 윗전을 섬기시던 일을 보아 오다가 어이없이 여기고 있었는데, 이런 말을 내전이 듣고 한탄하고 원망하며 후일에 보자 하고 벼르더라.

하지만 그래도 내전은 말도 잘 알아듣고 글도 잘하며 혹 착하고자 하는 일이 있으나, 대전과 종들이 더 흉악 불통하여 터무니없는 거짓말을 하니, 윗전께서 무신년 빈천(천자가 세상을 떠남을 이르는 말. 홍서, 붕어)하셨을 때에 위께서 돌아가신 것을 서러워하셔 엎드려 우시기를 밤낮 그치지 않으시니 이르기를,

"어디서 무슨 저런 사람이 다 있단 말이냐? 대군을 세우려다가 뜻을 못 이루셨으니 그 일 때문에 더 서러워서 우시나 보다."

하니, 대전이 그 말을 곧이듣더라.

또 은덕이와 갑이란 나인이 이르기를,

"임진 이후에 선왕 마마를 뫼시고 계실 때에 지니셨던 세간을 우리 전에 주질 않으시는 걸 보면 대군한테 물려 주시려나 보다."

하니 그런 것을 다 시기할 일인가?

"어디 지니고 사나 보세."

하며 가히가 늙은 상궁을 만나서 말하기를,

"대군의 보모 상궁 잘 있나? 귀 밑에 패달날(전쟁에서 군율을 범해 죽음을 당한 자의 두 귀에 화살을 꿰어 무리에게 보이는 일)이 있으리. 김 상궁도 잘 있나? 언제고 약사발 받을 날이 있으리."

하니 듣는 사람이 하도 끔찍스러워 못 들은 체하고 오고 말았더라.

내전에서 진지를 드니, 내전은 양반이라 혹시 잘한다는 말이 있어도 종들이 몹시 박대하며 길을 가는 낯선 사람 대접하듯이 하더라.

신해년에 대궐을 옮기실 때 세자의 친영(육례의 하나로 신랑이 신부를 친히 맞음)하는 것을 보려고 하신 일이 있었는데, 하루는 별안간 구경을 하는데 족친이라도 금한다면서, '대비전께옵서는 나오시지 마십시오' 하며 중간에 후궁을 놓아 말씀드리니 좋은 일에 미안해하시며,

"친영하는 일을 진정으로 기쁘게 보려고 했었는데 그렇다면 할 수 없

지."

하고 안 보셨더니, 그 뒤에 말을 지어 내기를,

"정이 없어서 보시지 않으셨다."

하며,

"진풍정(대궐 안 잔치의 한 가지)도 상복을 벗은 지 오래지 않으니 무엇이 바쁘겠습니까? 천천히 나리소서."

하니, 뜻을 세워 시작은 하여 놓고 택일을 번번이 제맘대로 물렸다 나갔다 하며, 잔치에 쓸 음식을 다 장만해 놓고도 하기 싫은 때면 날을 물리며, 조정에 알게 하고 외척과 통하여 대비께 대한 험구를 있는 대로 지어서 퍼뜨리니 나인인 은덕이와 가히 등은 그 때부터 하는 말이,

"하루나 고이 사나 두고 보자. 대군의 기물이나 수진궁에 있는 물건이 아니 올 리 있나. 몽땅 우리에게 오리라."

하는 무서운 말을 번번이 하곤 하더라.

무신년에 대왕께서 빈천하신 뒤에 여명에서 요사스러운 말을 퍼뜨리는 사람이 하도 많으니, 외척과 혼인을 치르면 요사스런 말이 퍼져 들어갈까 염려하셔서,

"공주와 대군의 혼사는 은덕이 많은 사람으로 하되 중전 가문에서 정하사이다."

하오시니,

"세도를 믿는 백 명의 간사한 사람인들 신이 믿고 칭찬하겠으며, 또 선왕의 유교를 어찌 잊을 수 있겠습니까? 혼사는 그렇게 하리이다."

하였더니 임자년 김직재의 난이 일어났을 때 점치는 일과 해코지하는 일로 점점 더 화를 만들어 낼 마음을 먹고 그런 놈들한테 무복(죄는 없으나 불가항력에 굴복하여 형을 받는 일)을 받을 때 아이라도 말하라고 가르치나, 그 중 옥사가 있은 뒤에 조종의 어르신네며 그 중 심희수 부원

군께 가 말하되,

"아이라도 말하여라."

했을 때는 정말 등에 식은땀이 흐르는 걸 어쩔 수가 없었는데 다행히 그 난에서 벗어나셔서 복이 있으신가 보다 싶더라.

이 때의 난이 있은 뒤부터 시기함이 더욱 심해 문 밖에서라도 이름이 있다는 점쟁이는 모두 불러다 유가의 집에다 앉혀 놓고 자기네 뜻을 이룰 수 있는 수와 우리 쪽의 액운을 실컷 확론하여 물어보고 또 유희량(유자신의 아들)이 신경달이한테 물으니 그 장님이 말하기를,

"대군 분위가 할 만하다."

하니,

"남이 죽이려고 해도 안 죽으랴?"

하도 또 물어보니,

"아무려나 죽이고 말리라."

하고 말했다더라.

임자년 겨울에 유자신의 아내 정씨가 대궐 안에 들어와 딸과 사위와 함께 머리를 맞대고 사흘 동안을 자정이 되도록 의논하여, 계축년 정월 초사흗날부터 저주를 시작하는데, 털이 하얀 강아지의 배를 갈라 들여오며 사람을 그려서 쏘는 시늉을 하여 바깥 사람들이 다니지 않는 곳과 대전이 주무시는 곳에 놓고, 또 담 너머와 대전의 책상 밑이며 베개 밑에까지 놓으며, 이렇게 하기를 사월까지 하면서 말을 내기는 임해군 때 유영경의 부인이 하던 일까지 한다고 하며, 온갖 말을 지어 내서,

"국무녀 수련개가 이르더라."

하더라.

우리가 의심을 하지 않도록 하기 위함이라.

우리 쪽에서는 이편 사람들이 다니는 곳이 아니므로 설마 우릴 보고

의심한 일이야 아니겠지 하고 염려도 하지 않았으며, 또 설사 염려했다 한들 어떻게 할 수도 없었지만, 사실은 말이 우리한테 누설되면 자기네의 일이 그릇될까 싶어 한 짓이었더라.

사월에 유가, 이이첨, 박승종 등 심복과 어울리며 방정하는 일로 상소문한 구절에 은 도적 박응서(광해군 5년, 1613년에 조령에서 잡힌 도적)가 포도청에서 낱낱이 자기의 죄를 자백하니 사형 판결 문서에 결재를 내려야 할 것이언만, 유, 이, 박 삼적이 포도대장을 저주하여 죽이고 죄수는 도로 가두고 이리이리 대답을 하라고 맞춰 놓으니, 그 도적이 제가 살겠다는 억측을 부려 온통 시킨 대로 상소하였는데, 사월 스무엿샛날 상소가 들어간 즉시로 고변(반역을 고발하는 일)이라고 소문을 미리 퍼뜨리고, 도적의 무리인 응서에게 임금 앞에서 가르쳐 주며 묻는 말이,

"네가 김 부원군(인목대비의 아버지인 연흥부원군 김제남을 일컬음) 집에 갔었지? 그렇다 하면 살리라."

대답하되,

"살기는 소중하오나 부원군은 모르나이다."

하니, 대군의 이름도 말하라고 하니,

"한 부원군이 무엇이 귀하여 묻지 않았다고 하겠습니까? 그 집의 대문도 모르나이다. 아무리 살려 주겠다고 하시지만 모르는 사람을 어찌 안다고 하겠습니까? 대군도 우리 부원군을 올리란 말이지 부원군도 알 바가 아닙니다. 남에 대하여 애매한 말을 어찌 하리이까?"

하니, 저의 부모를 다 잡아다가 극형에 처하니 어떤 때는 어미를 앞혀 놓고 그 앞에서 아들을 치는가 하면, 어떤 때는 아들을 앞혀 놓고 그 앞에서 어미와 동생을 치는 등 온갖 극형을 다하여 또 서로 보이며 치되, 그들이 잔인한 소리로 서로 보며 어미는,

"아들아, 거짓 자백을 하여서라도 나를 살려 다오."

하면,

"아무리 어버이가 중해서 살리고자 한들 거짓말을 하면 나도 서럽거든 남에게 미루고 어떻게 뒤끝이 좋을 수가 있으리요?"

하며, 자식이 어버이를 보채면,

"자식이 소중한들 근거 없는 말을 내 어찌 말하리요?"

하여, 이대로 생소하게 굴다가 양갑(서양갑. 김응서의 무리임)은 어미가 극형을 당하여 죽은 뒤에 문사낭청(죄인을 심문할 때 필기, 낭독 등을 하던 임시직)이 층계를 자주 오르내리며 말하니 그 뒤부터는 남의 말을 하듯,

"부원군도 아나이다."

하니,

"네가 그 집에 가 보니 어떻게 하더냐?"

하는 물음에 대답하기를,

"갔더니 술을 내보내 대접하더이다. 반역을 꾀하는 게 분명하더이다."

하더라.

저는 정형(죽이는 데에 이르는 형벌)을 받았지만 제 아비만큼은 죽여서 안 되겠다고 아들이 살리니 그 언약을 하느라고 급해지니 무복을 했던 것이었다.

이 뒤부터는 아이 어른 할 것 없이 더욱 극형에 처하여 무복을 받으려고만 힘을 써서 큰 옥사를 일으켰으나, 나인들 죽일 일을 어렵게 여겨 방자(남이 못 되기를 귀신에게 비는 짓)를 하고자 하나 구실이 없어 못하더니, 하루는 박동량이 공을 세워 보려고 거짓말로 유릉(의인왕후의 능) 방정 사건을 거들어,

"대군 위로 순창(유릉 방정 사건에 등장하였던 무녀의 한 사람)이 선왕 편찮으셨을 때 하였다는 말을 듣고 늘 서러워하더니, 아뢸 곳이 없어

언제나 원수를 갚으려나 하더이다."

하니, 이른바 유릉 방정 사건은 정미년에 선왕 편찮으셨을 때 어느 궁인인지 알지 못하는 이가 유릉 기슭에서 굿을 하다가 들었더니, 무신년 여름에 법사(조선조 때의 형조와 한성부를 아울러 일컬음)에서 국무녀 수란개를 친국(임금이 친히 신문함)하였다가 애매하다 하며 도로 놓아주었다고 하더라.

나라에서 수란개 외에 잡 무녀를 쓰지 않는 것으로 모든 사람이 그렇게 알고 있는 터였는데, 유가가 박동량에게 이렇게 하면 살려 주마 하고 달래서 온통 유가의 뜻대로 일을 거짓으로 꾸미니, 우리 전에선 순창이 시켜 하였다고 하여 꼭 본 것인 양 말하며 모식모해를 하니, 이런 말을 곧이들으려 하다가 그제서야 단서를 잡아야 한다 하여 유릉 방정도 하였으니, 우리 쪽 방정도 이러저러하였다 하고, 오월 열여드렛날에 침실 상궁 김씨와 대군이 보모상궁과 침실 시녀 여옥이와 대군의 보모상궁 환이를 소명한다고 써 가지고 와서,

"박동량의 초사(죄인의 범죄 사실을 진술하는 말. 공사)니 빨리 내어 줍소서."

하니, 그 나인들이 하늘을 부르고 땅을 두드려 궁중이 떠나갈 듯이 진동하고 곡성이 하늘을 찌르고,

"박동량 도적놈아! 우리들의 이름을 알기나 알더냐? 나하고 무슨 원수가 졌다고!"

하고 진동하며,

"저기 가서 모진 형벌을 어떻게 당할 것이냐. 차라리 목을 매어 죽으리라!"

하고, 김 상궁과 유씨는 목을 매달았거늘 모두 달려들어 끌어내 죽지를 못했더라.

"여기서 죽으면 죄를 짓고 일을 저질러 겁이 나서 죽었다고 할 것이니 나가 보아라."

이럭저럭 시간이 흐르니 그 서러움이 어떠했으리요. 천지가 찢어질 듯하며,

"마노라(마누라. 당시의 궁중에서 남녀를 두루 높여 일컫는 칭호임), 죽으러 가나이다. 우리가 무슨 일을 당하더라도 지하에 가서 다시 감('뵙겠습니다'의 궁중어)올소이다."

하고 말을 할 때 그 마음속이 어떠했겠으리요. 박동량은 임진 때 호종(임금이 출타하거나 피난할 때 모시고 따름, 또는 그 사람)이요, 나라와는 사돈간이 되어 선조 대왕의 국상 때 수릉관이 되어 선왕께 입은 은혜가 하늘같이 높고, 우리 전에서도 유릉산의 일로 인해 모든 신하 가운데서도 각별히 관대하게 하셨는데, 보통 때는 은덕이 크고 많아 부원군께서도 각별히 우대하시더니 흉악한 꾀를 내어 그런 원한이 사무치고 아프고 쓰린 환난을 일으킨 일을 허다히 열어 주니 섶을 안고 붙는 불에 뛰어드는 격이니, 어찌 피와 살을 가진 인간으로서 할 짓일까 보냐, 그런즉 나인들은,

"박동량아, 우리들의 이름을 알기나 하더냐?"

하고 소리쳐 꾸짖으며 이 한이야 죽는다고 잊으랴마는, 나라와 사돈이 되어 녹을 먹은 것과 영예로운 작위를 하사받은 은총을 저버리는 걸로 말하자면 무지몽매한 사람인들 이보다 더 심할 수 있으리요. 그 중에도 김 상궁은 열네살 때 선조 대왕의 수레를 뫼시고 따라가 잠시도 곁을 떠나지 않고 있다 궁으로 돌아오시니 충성껏 모신 일로는 대공신을 할 수 있으련만 나인인 까닭으로 반공신도 못하셨지만 궐내위장(내명부의 한 분장인 듯함.)을 지내시고 궁인 중에서도 위대한 분이시더니, 이 때에 우두머리를 만들어 잡아 내니 그 사람이 나가는 서문 안에 앉아서 말하

기를,

"아무 나란들 아비의 첩을 나장의 손으로 잡아 내니, 임금도 사납거니와 신하도 하나같이 사람다운 게 없도다. 이덕형, 이항복 두 어른께서는 정승 자리에 올라 여기 앉았더니, 임진왜란 때 호종하던 신하치고 내 이름을 모르는 이는 없을 것이외다. 평양으로, 함경도로 깊이 들어갈 때 나인을 내보내지 않으니, 큰길에서 오래 머무르시게 되면 선전관을 보내어 우리를 찾아오실 때는 비록 창황중이나 몸이 커 가르쳐 드릴 사람이 없더니, 그 선왕 마마의 아들이 임금 자리에 서 계셔서 오늘날 이런 욕을 볼 줄 알았더면 무신년에 재궁 밑에서 죽거나 했을 것. 당나라 장수가 평양 보통문을 깨뜨려 왜적을 물리친 기별을 전해 주시니 우리 다 기뻐 날뛰며 이제야 모두 살아서 환조하실 날이 있을 거라며 즐거워하던 일이 어제처럼 생생하더니, 그 때 난에선 벗어났으나 종묘와 사직을 위하여 서둘러 군사를 파견하고 입궐하시니, 인심이 진정되지 못하여 옷고름을 풀고 제대로 잠을 주무시지 못하시던 차에, 하루는 하인이 닭을 잡으러 집 위에 올라간 것을 집 안을 엿보는 도적놈인 줄 여기고 오시니, 후궁은 놀라서 나왔고 상감께서는 내관에게 가시어 작은 환도를 주시며 '급한 일이 있을 때엔 자결하라' 하시니, 제각기 작은 환도를 손에 쥐고 가슴을 두근거리며 기다리던 일도 있었건만, 그 시절 다 지나고 우리 선왕 마마의 아들이 임금 자리에 올라 오늘날 이렇게 욕을 볼 줄을 어찌 알았겠으리요. 의녀를 시켜 잡아 내는 것도 아니고 나장의 손으로 잡아 내게 하니 이 욕이 내 몸에 당키나 할소냐. 대왕께서 가까이하시는 여자나 나라의 녹을 자시는 신하들은 다들 명심하소서. 이제 이렇게 하는 게 옳은 일이오니까? 이 도리로 임군을 속이면 서로가 다 망하는 길밖에 없소이다."

하였다.

이처럼 해가 저물도록 모함을 하여 진술을 시키려다 못하고 이런 말을 듣고 의녀를 정하였던 것이더라.

옥중에서 이처럼 바른말을 할 수 있을까? 속히 끌어 내어 약사발을 내리고, 그 밖에 대왕을 가까이서 모시던 사람들에게도 다 약사발을 내리고, 또 남은 이는 상궁에 이르기까지 모조리 중형을 베풀어 박동량의 초사라고 하며 유월 열사흗날에 열세 사람을 임금의 명령으로 불러들이는 소명장을 써서 냈던 것이더라.

시녀 계란이, 수사(나인의 세숫물 시중을 하는 계집종. 일명 무수리) 학천이, 수모 언금이·덕복이·춘개·표금이, 보모 상궁의 아우 복이의 종 도섭이·고운이, 김 상궁의 종 보름이·보삭이, 대군의 보모상궁 예환이, 수모 향개 등을 도사와 나장과, 당번 내관 이덕상이 와서,

"어서 내라."

하고 독촉하니, 우는 소리가 천지를 진동하고 궁중이 진동하니, 통곡하며 말하기를,

"박동량을 알기나 안단 말입니까? 어찌 우리를 이다지도 서럽게 한단 말인고. 죽어서 원혼이 되어도 박동량은 잊지 못하겠습니다. 마마께선 애매하신 일을 남한테 잡히고 계시니 저희들은 원통하게 죽더라도 무슨 한이 있으리요마는, 마마께서는 부디 사셔서 이렇게 죽은 우리들의 원수를 부디 잊지 마시옵소서. 이제 죽으러 가나이다."

하니, 그 중에 향개는 병이 들어서 나가고 없는 것을, 두고도 속이고 내주지 않는다면서 의녀 대여섯이 와서 공주와 대군이 들어 계신 침실까지 샅샅이 뒤졌으나 없으니까 또 들어와,

"어서 내라."

하며 독촉하여 보채니, 사람이 급히 기별하기를,

"평일에 병이 들어 나가고 없느니라."

하여도 자꾸 와서,

　"어서 내라. 내놓지 않으면 감찰 상궁을 하옥하겠느니라."

하더라.

　의녀가 예닐곱씩이나 흩어져 궁중에 있고, 공주와 대군은 몹시 무서워하시고, 대비께서는 소복을 하시고 엎드려 계시다가,

　"없는 나인을 내놓으라 하니, 이렇게 핍박히 보채는 데가 어디 있느냐? 와 있는 내관한테 내가 친히 이르리라."

하시며 말씀하시니, 내관이,

　"나가고 없다 하더이다."

하고 사뢰니,

　"거짓말이니 어서 가서 데려오너라."

하고 말씀하시니,

　"마음대로 못하나이다."

하더라.

　의녀가 말하되,

　"침간이라도 뒤지라는 명령이시니 모조리 뒤져서 찾으리이다."

하거늘 나인이 주먹으로 쳐 물리치고,

　"네 아무리 명을 받았다고는 하나 어느 누가 계신 곳이라고 감히 이렇게 방자하게 구는고?"

하며 꾸짖으니,

　"우리도 살려 하네."

하고 모두들 들어가니, 두 아기는 대비 마마를 의지하여 한쪽에 하나씩 포대기 밑에 엎드려서 숨도 제대로 못 쉬며 무서워 우시니 뵙기에 민망하고 그 참담한 모습에 가슴이 미어지는 것 같아 차마 바로 보지 못했

던 것이었더라.

이튿날 감찰 상궁 둘을 다 잡아 내 가고, 유월 스무여드렛날에는 대군의 유모가 넷이라고 소명장을 써 가지고 와서 말하기를,

"이 수대로 다 내라."

하였다.

"아기께서 다 자라심에 유모는 모두 나가고 없다."

하니,

"공연한 말이니, 어서 내라."

하고 보채더니 궐 밖으로 가서 잡아 갔고, 칠월에는 수사 명환이, 수모 신옥이 · 표금이 등 열아믄이나 되는 하인들을 잡아 내 간 것이더라. 삼십여 명이나 되는 궁인들이 한 마디도 거짓으로 자백하지 않고 죽으니, 방정을 한 노릇이 헛일이 될까 걱정을 하여 나인의 종으로 나이가 열다섯쯤 된 아이를 데리고 나가서 맛있는 음식을 먹이고는,

"살려 줄 터이니 이리이리 말하라."

하고 달래니, 남들이 죽는 양을 보고 무슨 재주로 살 길을 바라며 또 무슨 충성된 마음이 있다고 죽을 곳을 가려고 하리요. 시킨 대로 대답을 하니 그제서야 방정을 한 일을 자백하였다고 말하고, 평소부터 유자신의 집에서 사귀어 오던 맹녀 고성이를 후하게 대접하며 데려다 온갖 말을 이르고 제 종도 없이 달려가서 온갖 말을 하며,

"이것이 대군을 모시는 곁나인이고 나는 대군의 보모 상궁이오. 대전과 동궁의 팔자는 어떻고 운수는 어떠며, 갑진생이 병오생을 위하여 을해생과 무술생을 해하려 하니 이룰 것이냐, 이루지 못할 것이냐?"

하며 방정을 하더니,

"얻을 것이냐, 얻지 못할 것이냐?"

하면서 오만 가지 방법으로 방정하는 짐승을 말해 들려 주면서,

"이리이리 하노라."

하고, 아무 날로 정하더니,

"길흉이 어떠한가?"

하며,

"이것이 대군을 곁에서 모시는 나인이요, 나는 대군의 유모로다."

하여 이것을 잊지 않도록 몇 번씩이나 잘 귀에 들려 주었다가 잡아들여 섬겨 가며 물어보니, 마치 전에 들은 일이 있던 바라 대답하되, 고성이 자백하였다고 하며 고성이더러,

"오윤남(연흥부원군 김제남의 종)이 네게 가서 점을 친 일이 있느냐?"

하고 물으니,

"오윤남이란 이름은 듣던 일도 없고 임별패(상전을 모시는 머슴)라는 사람이 점을 쳤나이다."

말하고 이렇게 덧붙였다.

"대군의 팔자가 어떠냐고 물으며 점을 쳤나이다."

"네가 잘못 알았다. 임 별좌가 아니냐? 윤남이를 별패라고 하니 오 별좌가 틀림없다."

"천부당만부당이오. 오가가 아니라 임 별패라 하옵니다."

하고 다시금 우기니,

"임 별패라고는 없느니라. 네가 몰라서 그렇지 오 별좌에 틀림없느니라."

하고 우기며, 오윤남이 거짓으로 자백하지 않고 당하에서 죽으니, 열두 살 된 아들을 압사하여도 모른다고 잘라 말하는 것을,

"문복하더라고 말만 하면 살려 주마."

하고, 한편 살살 달래며 물어보았더니,

"과연 문복을 하더이다."

하고 말을 하니, 오윤남의 아들이 자백을 하였다고 말을 퍼뜨려, 사실대로 자백을 하였다면 죽일 일이겠지만 시킨 대로 말을 하였다면 살려 주겠다고 언약을 했던 것이더라.

나인들을 거의 죽인 것은 김씨 은덕이며, 그것을 들은 체도 아니하고 수리안서(무엇인지 자세히 알 수 없음)하고, 비록 비천한 나인들이라도 인명을 소중히 여겨 아마도 방정을 옳은 일로 끝내려 하여 중륭(무엇인지 자세히 알 수 없음)의 것을 모두 쳐죽이더라.

대개 살인 도적이 생기며, 두 마음을 품고 쌀을 자루에 넣어서 메고 가문이 높은 사람들의 집을 찾아다니며,

"대비전에서 대전과 동궁을 죽이려고 방정함이 석 달째 되니 하도 민망하여 어디 영험한 무당이 있나 알고자 하는 것이니, 혹시 여기 무당이 있는가?"

하고 두루 다니더라.

그렇게 하는 때는 일이 저렇게 되어 하도 민망하여 물어보려고 하는 것이며 이렇게들 알고서야 이 옥사를 옳다고 여길 것이기 때문이더라.

털이 흰 강아지의 배를 갈라 유자신의 아내가 동글납작한 조그만 고리짝에 담아 들여 갔던 것이더라.

살인 도적의 일로 부원군이 죄를 입어 잡히셨다는 이야기를 들으시고 뜰에 있는 넓은 돌에 머리를 부딪치시며,

"대군으로 말미암아 이런 화가 부모 동생에게 미치니 어찌 차마 가만히 듣고만 있으리까? 내 머리털을 베어서 표를 보이니 대군을 데려다가 아무렇게나 처치하고 아버님과 동생을랑 놓아 주옵소서."

하시며,

"자식으로 인하여 어버이에게 해 미치는 일은 차마 살아서는 못 보겠소이다."

하오시니, 대답하여 이렇게 말하였다.

"어찌 이런 말씀을 하옵시는지요."

"임해군을 정성껏 대접하여 두었으나 제 병이 나서 죽었거늘 형을 살해했단 말과, 선왕 약밥에 독을 넣어 승하하게 하였고 선조의 궁인을 알지도 못하는 처지임에도 시부살형하였고 음증(왕가에서 웃 항렬의 여인과 간통하는 일)하였다는 말을 그 곳에서 소문을 내었으니 이 원수는 불공대천이로소이다. 글월 보내지 마십시오. 어린 대군이야 뭘 알겠습니까."

하고 유자신 아내에게 비오시니, 회답하기를,

"서양갑의 아비며 박응서의 아비가 다 서인으로 연흥부원군과 한편 사람이니 어찌 모른다고 하옵시나이까? 애매한 게 아니오니 다시 말 붙이지 마시오소서."

하였다. 두 곳에서 다 이러하니 시부·음증은 우리들로서는 듣지 못하였다가 이 말을 듣고 깨닫게 되니 그 날 약밥인지 고물인지 드시고 즉시 구역질을 하오시고 위급해지셨던 터이니 선왕을 가까이 모시는 사람들이 모두 다 제 심복이니 독을 넣었다 함이 하나도 이상할 게 없고, 한편 적신 정인홍의 상소로 말미암아 평소의 병환이 위급해지신 것이온즉, 구태여 칼로 자르거나 매로 쳐서만 죽었다 할 것이 아니라 그만하면 가히 시부라고 할 수 있을 것이요, 음증도 선묘를 가까이 뫼시던 숙진이가 가히의 집안 사람인즉 매양 은근히 대하더라 하니 그런 행동을 하고 보면 음증한다 해도 하나도 이상할 게 없을 것이요, 살형이란 말을 듣게 된 것도 형님 되시는 임해군을 하늘도 우러러보지 못하게 가시성(가시울로 한 성. 위리안치를 말함) 속에 가둬 두고 된장덩이와 보리밥을 드리다가, 명나라 장군이 온다고 하니까 자기의 심복 되는 의원을 보내어 주찬을 갖다 드릴 때 독주를 마시게 하고 온돌에 불을 때어 방을 뜨겁게 달구어 그 안에 집어 넣고 쇠를 잠그고 나오니 가슴을 다쳐 피가 흐른 자취가 분명했다고 하며, 그 무렵에는 차비하인(각 관아의 하인의 하나. 특별 사무를 나누어 맡기기 위해 임시로 임명하는 벼슬)들에게까지도 들어가 구경하는 것을 금하지 아니하였으니 이런 사실을 모를 이가 뉘 있으리요. 그렇건만 대비전에서 이 모든 소문을 냈다고 하더라.

비록 소문을 냈다고 가정을 한다 할지라도 옳지 못한 일을 저질러 놓고서 소문을 낸 사람과 불공대천지 원수 될 것이 무엇이리요. 이런 말을 내고 오월 초닷새 차비문(임금이 평상시에 거처하는 편전의 앞문)에 많은 군사를 포설하고 세워 두어 밤낮을 가리지 않고 목탁 두드리는 소리가 천지를 진동하니, 그렇지 않아도 땅 위에 오른 물고기처럼 맥을 가누지 못하시고 주야로 근심을 하고 계신 터에 목탁 소리가 진동하여 들여치니 마음이 혼미하고 몸이 노곤하여 졸도하실 정도로 놀란 일이 그 몇 번이었는지 모르겠더라.

이와 같이 다 된 후는 반쪽 말도, 자명(자명소, 즉 허물 없음을 스스로 변명하는 상소)하옵신 일도 공연히 생트집을 잡아 일을 만드느라고 어린 응벽이(나인 덕목의 생질)를 극형에 처해 섬겨 묻되,

"그런 방정을 제가 하여 목릉(선조의 능)의 흙을 파고 부적을 묻었소이다. 궁중의 도제조와 함께 다니되 밤이면 수문장더러는 이르고 다니더이다."

하고 아뢰니, 그런 중한 죄수의 말을 그대로 믿어 의심치 아니하고 목릉에 가서 제사도 아니 지내고 상석 밑을 석 자나 파 보았으나 아무것도 나타나지 않으니 두어 곳만 파 보고 또 유릉에 올라가 파 보았더라.

지극히 무지스러운 하인배라도 어버이의 무덤의 흙을 파헤칠 양이면 고묘(집안에 큰일이 있을 때 그 일을 종묘에 여쭘)하고 상심하는 게 보통이건만, 재천지령을 놀라게 하옵고, 그 중형한 핏덩이를 끌어 담아 나장

이며 군사들을 시켜 궁중 안으로 끌어들여 침전의 행랑채에다 놓게 하니 나인들은 노소 없이 하도 두려워한 나머지 마루 아래 숨으며 저희들을 잡으러 왔는가 여기저기 숨느라고 헤매는 모양을 어찌 기록할 수 있으리요.

내전에서는 계속해서 날마다 글월을 보내 보채어 재촉하기를,

"너희들 나인들이 다 알 것이로되 내어 죽였으니 변 상궁, 문 상궁이 분명히 알 만한 일인즉, 변과 문이 다 갑자생이니 두 갑자생 상궁 중하나를 속히 내보내 달라."

하고 보채시나, 한 일을 번듯하게 했다고 해도 그 끝을 감당하기가 어려운 처지이고 보니, 갑자생 하나를 달라고 한들 누구를 믿고 의지하여 내어 줄 것일까 보냐.

우리 전께서 대답하오시되,

"사람으로서 살아가면서 어진 일을 하여도 복을 못 얻을까 두려워하는 법이거늘, 하물며 못되고 악한 일을 하여 어찌 복이 올까 믿으리요? 이 또한 운명이니 설움이 태산 같으나 죽지 못하는 것을 고이하게 여기는 바로소이다. 밤낮으로 눈앞을 떠나지 아니하던 종을 잡아내어 가고 행여 남았을지도 모를 종을 마저 내라 하니 갑자생 중의하나를 내어 놓으면 문초한 뒤에 죽일 것이라 하니, 아무런 잘못도 없는 터에 무슨 죄를 지었다고 내 목숨 구하려고 내어놓으리까. 청컨대 여편네들이 앉아서 대전 체면에 똥칠을 하는 짓 좀 제발 마소서."

하시니, 그 뒤로 다시는 갑자생의 나인을 내어놓으란 말을 아니하더라.

또 이르기를,

"박자흥이 이이첨의 사위가 된 지 얼마 안 되어서 진상을 하였기에 우리 전에서 답례로 베개를 주신 일이 있었는데, 이 때에 한다는 말이, 베개 속에다 방정을 하여서 그 베개를 벨 때마다 속에서 병아리

소리가 들리기에 뜯어 보니 잡뼈와 빼도리 그리고 관 조각 따위가 들어 있었다고 하니 어찌 이런 일을 할 수가 있겠는가 하며, 필 갑자생 아니면 침실 보살피는 갑자생의 나인 중에서 한 짓이라고 하니, 생각지도 못할 이런 꾀를 내어 남은 나인들을 마저 죽이려고 하니 세상에 이런 사악하고 흉측한 사람이 또 어디 있으리요?"

하였다.

어린 대군이 궐내에 계신 일을 민망히 여겨 만대에 걸쳐 실없이 놀림 당할 것이 두려워 가장 어진 체하며 말하기를,

"조정에서 대군을 속히 내어놓으라고 날마다 보챘지만 어린아이가 무엇을 알겠느냐 하며 들은 체를 안했거니와, 서양갑·박응서 따위의 도적들을 사귀어 역모를 하는가 하면 한편으론 방정을 하는 등 대란이 났으니 이제 와서 뉘 탓으로 돌리려 하는고?"

하더라.

이런 말을 한 지 얼마 되지 않아서 내관에게 전언을 하며 이르기를,

"대군을 하도 내어놓으라고 보채니 듣지 않으려고 끝까지 지켰지만, 이제 와선 조정이 노하고 있으니 그 노여움을 좀 풀어 주도록 잔치에 참석케 하려 하니, 잠깐 문 밖에만 내어보내서 노여움을 풀게 하여 주소서."

하는 말이 하도 흉측스러워 윗전께서는 차마 바로 듣질 못하시고, 모시는 이들도 마음이 또다시 어지러워 가슴이 미어지는 듯함을 금치 못하더라. 그 말에 대답을 하지 않을 수 없으셔서 말씀하시기를,

"천지간에 저지르지도 않은 큰 변을 만나 아버님과 맏동생을 죽이셨으니, 내 자식의 일로 인해 어버이께 큰 불효를 끼쳐 세상에 용납되지 못할 줄 알지만, 대군이 나이 들어 제법 철이 났다면 자식을 내어 주고 어버이를 살려 달라 함이 옳을 것이로되, 이제 내 슬하를 떠나

지 못하며 동서도 분간치 못하는 일여덟 살 철부지 어린애니, 당초에 대군을 데려다 종으로 삼아 제 명이나 다하게 하시고 아버님과 동생을 살려 줍시사 하고 내 머리털을 베어 친필로 글월을 써서 보냈건만 받지 않더니, 이제 와서 어찌 이런 말을 하시나이까? 어린아이가 알기나 할 노릇이고 어른의 죄가 아이한테 가당키나 하리까?"

하시니 대답이,

"선왕께서 불쌍히 여기라고 하신 유교도 계신 터이니 대군에 대해선 아무 염려 마옵소서. 머리털은 두지 못할 것이니 도로 드리나이다."

하거늘,

"아버님께서 돌아가시게 된 일을 생각하면 간장이 미어지는 것 같지만 나라의 법이 중하여 내 마음대로 살려 드리질 못했으나, 이 아이는 선왕의 유자니 그래도 좀 생각을 하여 줄까 싶었는데 새삼스레 그런 말을 하시니 말의 앞뒤가 맞지 않음을 생각할 때 다만 서러워질 따름이나이다. 어린아이를 어디다 감추어 두겠습니까? 내가 품에 안고 함께 죽을지언정 내어보낸다는 건 차마 못할 일이로소이다."

하오시니, 또 글월을 써서 보내되,

　　아무러면 아이보고 아는 노릇이냐고 하겠으며, 궁 밖으로 피접(비접의 원말. 병중에 자리를 옮겨 요양하는 일)을 나는 일은 예부터 있는 일이니, 그 정도로 여기시고 좀 내어보내 주십시오. 조정에서 하도 보채어 그들의 마음을 풀어 주려 하는 노릇이니, 대군에게 해로운 일이 있을까 하는 염려는 조금도 하지 마옵소서.

라고 하였으니, 대답하시기를,

"내 낯을 보아서가 아니라, 대전도 선왕의 아드님이시고 대군 또한 아들이나 정을 생각해서 차마 해할 리야 있으리까? 다만 대군이 나이 열 살도 못 되었고 대전도 아시다시피 한번도 대궐 밖을 나간 일도 없으니 어디다 숨겨 두겠습니까? 대전께서 압력을 가하실 탓이니 선왕을 생각하셔서 인정을 베풀어 보소서."

하시니, 또 대답하되,

"문밖에 내어 줍시사 해 놓고 설마하니 먼 곳으로 떠나 보낼 리야 있겠습니까? 이 서문(서소문을 가리킴. 죄인이나 송장을 내보내던 문) 밖 궐내 가까운 곳에 벌써 거처할 집을 정해 놓았으니, 궐내에 두면 조정에서 번번이 없애 버리라고 날이면 날마다 서너 달 동안이나 보채지 않은 날이 없으니, 내 비록 듣지 않으려고 하지만 조정에서 하도 시끄럽게 구니 오히려 궐 밖으로 내어보내 그들의 마음을 시원케 해 주는 게 대군에게도 좋은 일이니 어련히 잘 보살피지 않으리까? 진실로 거짓말을 하는 게 아니니 이 말을 철석같이 믿으시고 부디 내보내 주십시오. 다 좋을 대로 하리이다."

하거늘, 또 대답하시되,

"여러 번 이렇게 말씀하시니 서러운 중에도 더욱 망극하고, 선왕을 생각하고 옛날에 국모라 하시던 일을 생각하신다니 감격하거니와 대전께서도 다시 한 번 고쳐 생각해 보소서. 사람이 자식을 많이 두어도 하나같이 모두 귀하게 여겨지거늘, 나는 두 어린애를 두고 선왕께서 돌아가셨으니 그 때 바로 죽었을 것이로되, 지금껏 살아 남음은 어미의 정으로 차마 어린아이들을 버리고 죽을 수 없어 목숨을 유지하다가 오늘날 또 이런 일을 당하니 대왕을 위하여 죽지 않고 살아남은 죗값인가 하나이다. 죽을망정 차마 어린것을 혼자 내어보내고 어찌 저만 살 수 있으리까? 나를 쫓아가게 해 주신다면 함께 나가리이다."

하시니, 또 말하되,

"그 말씀은 옳지 못하십니다. 대군이 궐내에 있으면 오히려 조정에서 노하여 죽여 버리라고 할 것이니 나는 전을 보나 대군을 보나 서로 좋도록 하려 하였건만, 마침내 이토록 들어 주지 않으시면 나도 내 마음대로 할 수 없으니 조정에서 하는 대로 할 뿐이로소이다. 이제라도 내어 주시면 살게 하겠거니와 이렇게 거역하고 내어보내시지 않으시면 살지 못하오리다."

하며 하도 심하게 구는 바람에 모시고 있는 사람들이며 모두가 여쭙기를,

"처음부터 흉측한 마음을 품고 그 때마다 여러 말을 받아 여러 번 말을 지어 내니 도저히 어기실 수가 없으시니 좋도록 대답하십시오."

하니,

"내 차마 어린아이를 어찌 내보낼 수 있으리! 애초에 이런 일이 있을 것 같아 내 먼저 죽으려 하였더니, 늙은 나인들이 하도 서러워하며 내가 죽으면 나인을 하나도 살려 주지 않을 것이니 오래 산 나인도 불쌍히 여기라 애원하기에 설움을 참고 살았다가 아버님과 동생을 죽였다는 말을 듣고도 지금까지 살아 있는데, 이제 대군을 내어 주면 누구를 믿고 살아갈 것이리! 빌어 보아도 들어 줄 길이 없고 내보내자 하니 차마 못할 노릇이니, 천지간에 이 설움이 어떠하랴. 나로선 결단을 낼 말을 차마 하지 못하겠노라."

하시니, 사이에 낀 나인에게 글을 써서 보내되,

너희 전을 위하여 온갖 모책을 다 하다가 일이 탄로났거늘, 이제 와서 뉘 탓으로 돌리고 대군을 내 주지 않느뇨?

하였기에, 이 글을 본 나인이 풀이 죽어 대비전께 여쭈옵기를,

"여러 가지 흉악한 마음을 품고 있다가 이제 대란을 지어 내어 본가댁 · 외가댁이며 나인들을 다 내어 죽였고 또 대군을 내라 하니 망극하기 그지없음을 어찌 다 이르오리까. 하늘도 무슨 허물을 보셨다고 이런 애매한 일을 당하게 되었는데도 돌봐 주심이 없이어 날이 갈수록 점점 망극한 말이 오고 또 오니 당해 낼 도리가 없으니 '문밖에만 내어보내 주십시오' 할 때 못 이기시는 척 내보내 주십시오. 범을 만나도 정신만 차리면 산다지만, 이 범은 피하기 어렵사오니 속히 허락하셔서 사람의 목숨을 잇게 해 주소서."

하오니, 위께서 더욱 애통하시고 망극함을 이기시지 못하시는 양은 이루 다 무엇에 비길 수 있으리요. 그러면서 또 내관 편으로 말을 전하되,

"어서 내놓도록 하라. 지체하면 그만큼 죄가 더 커지리라."

하니, 이제는 더 버려도 소용이 없을 줄 아시고 위께서 대답하시되,

"이 설움을 어디다 견주어 말할 수 있으리까마는 대군을 곱게 있게 해 주마고 벌써 여러 날 말씀을 전하신 터요 내전에서도 속이지 않겠노라고 극진한 투로 글월에 적으셨으니, 대군을 선왕의 유자라 너그럽게 생각하사 하늘이 준 목숨을 고이 부지하여 살게 해 주마고 거듭거듭 말씀하셨으니 이 말을 증표로 알고 내어보내겠습니다만, 아버님과 동생을 죽게 하였으니 그 슬픔인들 무엇으로 다 측량하여 말할 수 있으리까! 이제 둘째 동생과 어린 동생이 살아남았다 하니, 바라옵건대 이 두 동생만이라도 살려 주시면 대군을 내어보내리이다. 서러웁게 죽은 가운데에서나마 대가 끊기지나 않도록 하여 주시기를 비나이다."

하오시니, 그제서야 기꺼이 대답하되,

"이 두 동생들일랑 고이 살게 하리이다. 대군을 빨리 내어보내 주십시오. 종이며 그릇들이며 궐내에 있던 대로 갖추어 보내시고 언감생

심으로라도 다른 길로 빼돌리지 마시고 저 살림하던 것을 덜어 보내는 일이 없도록 하십시오. 피접을 나가는 것이니 오히려 편안하고 좋으실 겁니다. 날마다 안부 전하는 사람도 드나들게 하리이다. 먹을 것도 보내십시오. 마음대로 보내시고 하시고자 하는 일도 다 들어 드리리이다."

하더라.

이런 일이 있은 다음 날 장정 내관 여남은 이 모두 안으로 몰려와 샛문을 여니 장정 나인 둘, 감찰 상궁 애옥이·꽃향이·은덕이·갑이, 색장 나인(궁중에서 편지를 전하는 나인)셋, 무수리 둘 그리고 젊은 나인 예닐곱이 넘어오니 우리 전 나인들은 하도 두려워 구석구석에 몸을 오그리고 있었더니, 그년들이 와서 침실에 올라앉으며 말하기를,

"무엇이 부족하고 무엇이 못마땅해 이런 일을 저지르시는고? 대군 곁에 천이 없던가, 명례궁에 천이 없던가? 대비의 칭호라도 바치시고 대군을 살리려 하실망정, 어찌하여 이런 역모를 하실꼬? 어린아이가 무엇을 알까마는 일을 저질러 놓고 뉘 탓으로 돌리려 하는고? 어서 대군을 내어보내시오."

하는 말이 하도 흉악망측스러워 사람이 차마 들을 수가 없었던 것이더라. 하도 말같지 않아 잠자코 있자 저들이 또 꾸짖으며 이르기를,

"다 옳은 말을 하였으니 입이 있다 한들 무슨 할 말이 있다고 대답을 하겠는가? 여러 말씀 않으시는 걸 보니 정말 우리 말이 옳군 그래. 너희 나인들이 대군을 빨리 나서게 하여야지 행여 지체하여 더디 내보내시게 한다면 너희 나인들도 모조리 죽을 것이니 그리 알라."

하더라.

위께서 인사불성이 되어 다 돌아가실 뻔하다 겨우 정신을 차리시고 곁에서 부축하는 나인 우두머리 너덧 사람을 들어오라 하셔서 이르시기를,

"너희들도 사람이라면 설마 나의 애매함과 서러움을 모를 리야 있겠느냐? 내가 무신년에 죽지 않고 살아온 것은 대전이 선왕의 아드님이시기에 두 아이를 의탁하여 편안히 살게 해 줄까 함이었는데, 여러 해를 두고 하루도 마음 편할 날이 없이 백 가지로 근심만 하며 살아오다 흉적을 만나 이 세상에서 용납할 수 없는 대역이란 죄명을 내게 뒤집어씌우니, 하늘이 알지 못해 이토록 애매한 처지를 변명조차 못하게 하니 내가 무슨 말을 한단 말이냐. 이제 밖으로는 아버님과 동생을 죽이셨고 안으로는 나를 가까이 받들던 나인들을 모두 죽였으니 이 어린것의 몸에는 죄가 미칠 까닭이 없으련만, 또 대군을 내노라 하니 차라리 내가 저희 앞에서 바로 죽어 이런 망극하고 서러운 말을 듣고 싶지 않되, 대전의 말과 내전의 말이 아직도 내 귀에 쟁쟁히 남아 있고 나인들이 증인이 되었으니, 임금이 설마 국모를 속이겠으며 범인에 비할 바가 아니라고 여러 번 은근한 말로 일러 왔으니 그 말들을 철석같이 믿고 내어보내겠거니와, 두 어린 동생만은 놓아 주셔서 어머님을 모시게 하고 제사나 받들게 하여 주신다면 대군을 내어보내고자 하노라. 이 말대로 대전과 내전에 전하라."

하시고 애통해하시니, 사람으로서 어찌 눈물 없이 차마 들을 수 있으리요마는 그년들은 모진 말을 거리낌없이 하되,

"이토록 말씀하시지 않으시더라도 대전께서 어련히 알아서 잘 하시겠습니까? 속히 내어보내도록 하여 주십시오."

하더라.

차마 내보내시지를 못하시고 한없이 통곡하시니 두 아기들도 곁에서 함께 우시더라. 위께서 통곡하시며,

"하늘이시여, 내가 무슨 죄를 지었다고 이토록 섧게 하시는가?"

하시며 하도 섧게 우시니, 비록 철석 같은 마음을 가진 사람인들 어찌

눈물이 나지 않으리요마는 장정 나인들이 틈틈이 앉아서,

"너희들의 울음소리가 들리면 대군을 안 내어 주실 것이니 좋은 낮으로 어서 빨리 들어가 여쭤야지 행여 서러운 빛을 보이거나 하면 다 죽게 하리라."

하고 으르니, 제각기 눈물을 감추고 들어가,

"벌써 범에게 잡혀 모면하실 길이 없게 되셨으니, 병환이 드신 본가댁 부부인 마님께서 지금 살아 계심은 오로지 위를 믿고 의지하심이니 미처 부원군 뼈도 제대로 간수하지 못하신 형편이실 겁니다. 두 오라버님이나 살려 주시거든 제사는 받들게 하시고 설움은 잠시 참으셔서 대군을 내어보내시오."

하고 여쭙더라.

날은 저물어 가고 어서 보내라는 재촉은 성화 같고 또 안에서는 나인마저 나와 재촉하니 설사 하늘을 깨칠 힘이 있다 한들 어찌 그 때 이길 수 있으리요. 점점 더 늦어 가니 우리 시위인을 각각 꾸짖으며,

"너희들이 이러니까 할 수 없이 우리가 들어가서 대군을 빼앗아 데리고 오겠다. 너희들 한 사람이라도 살 수 있나 어디 두고 보자."

하고 들이닥치려 하자 나이 많은 변 상궁이 들어가 여쭙기를,

"안팎 장정들을 보냈으며 밖에는 금부 하인들이 쇠사슬을 들고 둘러싸고 있고 나인들을 데려가려고 의녀대까지 대령하였으니, 우리가 죽는 건 서럽지 않건만 위께서 믿으실 이 없어 이 늙은 것만 믿고 계시고 소인도 위를 믿고 의지하여 연약하신 옥체에 혹시 무슨 불행이 닥치더라도 소인이 살아 있다가 막아라도 드릴 수 있을까 하여 죽지 않고 살았었는데, 대군 아기를 저토록 내어 주지 않으시니 이제야 죽을 곳을 알게 되었소이다."

하니, 위께서 말씀하시되,

"너희들은 나인인 까닭으로 자식에 대한 어미의 정을 모르는도다. 인정상 차마 내어 주지를 못하노라."

하시더라.

한편으로 대군을 모시고 있는 나인들이 대군아기씨를 달래며,

"사나흘만 피접 나갔다가 올 것이니 버선 신고 웃옷 입고 나를 따라 나가압사이다."

말하니, 이르시되,

"죄인이라 해 놓고 죄인들이 드나드는 문으로 내어가게 하니, 죄인이 버선 신고 웃옷 입어 다 쓸데없다."

하시기에,

"누가 그렇게 말씀드렸나이까?"

하자 대답하시되,

"남이 일러 줘서 안 것이 아니라 내 스스로 다 알았네. 서소문은 죄인이 드나드는 문이니 나도 죄인이라고 하여 그 문 밖에다 가두려 하는 거다."

하시고,

"나하고 누님하고 간다면 모를까 나 혼자는 못 가겠노라."

하시니, 위께서는 더욱 아득하셔 우시더라. 어서 내라고 재촉하며,

"내어 주지 않거든 나인들을 다 잡아 내라."

하며 겹겹이 사람을 풀어 놓는 것이더라. 대군을 뫼신 김 상궁을 곁나인이 잡아 내어,

"더욱 울면서 아니 뫼셔 내니 옥에 가두라."

하신다 하니,

"아무리 달래서 나가십시오 하여도 저렇게 우시고, 죄인 드나드는 서소문으로 나가시라 하니 아무리 어린 아기씨신들 이렇듯 하시거늘 어찌

이리 핍박하여 보채는고? 내가 뫼시고 나갈 것이니 조금만 물러서라."
하더라.

날은 늦어 가고 재촉은 성화 같아 하도 민망하여 윗전은 정 상궁이 업고 공주아기씨는 주 상궁이 업고 대군아기씨는 김 상궁이 업사왔더니, 대군아기씨가 이르시기를,

"윗전과 누님은 먼저 나서시고 나는 그 뒤를 따르게 하라."
하시니,

"어찌 그런 분부를 나리시나뇨?"
하거늘,

"내 먼저 나가면 나만 나가게 하고 다른 두 분은 아니 나오실 것이니 나 보는 데서 가옵사이다."
하시더라.

윗전께선 생무명의 거상옷이라, 이 역시 생무명으로 만든 보를 덮으시고, 두 아기씨는 남빛 보를 덮으시고 모두 상궁들이 업고 차비문에 다다랐더니 내관이 십여 인이나 엎드려,

"어서 나가시옵소서."
하고 아뢰니 윗전께옵서 내관더러 이르시기를,

"너희들도 선왕의 녹을 오래 먹고 살았으니 설마 어찌 측은한 마음이 없겠느냐. 십여 년을 정위(여기서는 임금의 정실을 가리킴)에 있으면서도 자식을 얻지 못해 늘 근심을 하던 끝에 병오년에 처음으로 대군을 얻으시고 기뻐하시고 사랑하심이 비길 데 없사오셨으나 그 당시에는 강보에 싸인 어린것에 지나지 아니하였었기에 별다른 뜻이 무엇이었겠느냐. 한갓 자라는 모양만 대견해하시다가 돌아가시었으니 내 그때에 임금을 좇아 죽었던들 오늘날 이 서러운 일을 겪었을 리가 없었을 게 아니겠느냐. 이 모두가 내가 죽지 아니하고 살았던 죄라, 어린

아이로서 아직 동서도 구별하지 못하는 철없는 것을 마저 잡아 내니 조정이나 대간(사헌부·사간원의 벼슬을 통틀어 일컬음)이나 모두가 선왕을 생각한다면 어찌 이런 서러운 일을 하랴."

하오시고 너무도 애통해하시니, 내관도 눈물을 씻으며 여러 말을 하지 못하고 오직,

"어서 나가시옵소서. 어찌 우리가 그 사정을 모르리이까마는 이러고만 계실 것이 아니라."

하더라.

저집 나인 연갑이는 윗전을 업사온 나인의 다리를 붙들었고, 은덕이는 공주 업은 주 상궁의 다리를 붙들어 걸음을 옮겨 걷지 못하게 하며 대군 업은 사람은 앞으로 끌어 내고 뒤에서 떠다밀어서 문 밖으로 나가게 하고, 우리만 다시 안으로 밀어들이고 차비문을 닫아 버리고 마니 그 망극함이 어떠하였겠는가? 대군아기씨만 문 밖으로 업혀 나가서 업은 사람의 등에 머리를 부딪쳐 우시면서,

"어마 마마 보세."

하시다가 하다하다 못하여,

"누님이나 보세"

하시고, 하도 애타게 서러워하시니 곡성이 안팎으로 천지 진동하고 눈물이 땅 위에 가득하니 사람들이 눈이 어두워 길을 찾지 못하더라.

아기씨를 문 밖에 내어보낸 뒤 그 주위를 호위하여 환도와 화살 찬 군장이 삥 둘러싸고 가니 그제서야 울기를 그치시고 머리를 숙이고 자는 듯이 업혀 가셨던 것이더라.

윗전께옵서는 다시 들어와 계오시며 하늘을 우러러 애통해하시었고 여러 번 기절도 하시고, 사람 없을 때를 골라 목을 매시거나 칼로 자결을 하시려고 하오셔 사람들을 모두 내어보내라 하오시니, 변 상궁이

윗전의 그러한 뜻을 짐작하고 밤과 낮으로 곁을 떠나지 아니하고 서로 마주 앉아서 여러 가지 좋은 말씀으로 위로하여 드리기를,

"본가 댁에서나 윗전께서나 모두 한결같이 적선의 뜻을 먹으셔 사람들을 하나도 해롭게 한 일이 없사온즉 하늘이 무슨 허물이 있다고 보시어 이런 서러운 일을 겪게 하시는지 모를 일이긴 하오나, 어느 날에고 반드시 이 설움을 벗게 될 것으로 아옵나이다. 대군의 나이 이제 열 살도 못 되셨으니 설마 하니 죽이기야 하겠사오리까? 문을 열고 바깥 소식에 귀를 기울일 양이면 자연히 안부라도 듣게 될 것이오며, 윗전께옵서 살아 계오셔야 본가 댁 제사도 맡아 하실 수 있으실 것이요 소인네들도 거느리실 것이 아니겠사옵니까? 늙으신 본가 어른이 누구를 믿고 살아 계시리이까? 아드님을 위하시어 깨끗이 죽고자 하오시나 부모님께 크게 불효가 되는 일이오니 친정 어머님을 생각하시어 스스로 죽고자 하시는 마음일랑 거두시고 잠시 동안 이 서러움을 견디시어 문이나 열거든 본가 댁 분들을 만나셔서 억울한 서러움을 겪고 계신 말씀도 서로 통하시고, 공주아기씨도 또한 자손이시니 비록 따님이오시나 버리고 돌아가시오면 어디 가서 누굴 위하여 사실 것이오며, 이제 친척 댁에 가서 의지하여 사실 것이면 당신이 자라신들 그 서러움을 어디에 갚으실 것이오며, 어린 사람이건만 동생을 올바르게 대우하지 아니하는 지금 처지이거든 하물며 윗전께서 먼저 돌아가시고 나면 대군을 죽일 것이며 누이동생을 언제 편안히 살게 할 듯싶으오니까? 이제 반드시 악한 일을 꾸며 마저 없애 버릴 것이오니 윗전께서 국보 되신 자리에서 두 자손을 거느리고 계오시다가 마음속 은근히 방정과 역모를 꾀하던 중 발각되어 자결하였노라고 사책에 올릴 것이오니, 지금 처지가 사람으로서 견디기 어려운 지극한 슬픔임은 다시 이를 길 없는 줄 아오나 후세에 윗전의 이름이 더럽혀 전해

질 것은 깊이 생각하오셔야 할 게 아니겠사옵니까? 이 어리석고 미욱한 짐승 같은 소견에도 이러하오니 애통하심을 참으시고 깊이 살펴 생각하옵소서.”

하니,

“낸들 어찌 그런 이치를 모를 리가 있으며 또 더러운 이름을 씻고자 아니하랴마는 하도 서러워 애를 끓으니 간장이 졸아드는 듯하고 심장에 불이 붙는 듯하나, 뒷날 생각은 자연히 없어지고 이 세상을 어서 떠나고자 하여 손수 자결코자 하노라.”

하오시고, 잠시도 쉬지 않고 서럽게 곡을 하시며 식음을 들지 아니하시고 한낱 냉수와 얼음을 마실 뿐이시고, 날마다 친정 어머님 안부와 대군의 안부를 문 열어 주시거든 알아 올려라 보채시나, 대군은 좋은 말로 많이 달래어 내어가시니 하루에 한 번씩 내수사로 문안만 알아서 자주 이르라 하고 드실 음식이라도 내어 줄 양이면 금군(용호영에 딸렸던 내금위 · 겸사복 · 우림위의 무관)의 군사들이 낱낱이 뒤져서 보고 대전 내전이 가져다가 자세히 수소문을 한 뒤에야 대군께로 보내곤 했더라.

이렇게 지낸 지 한 달 만에 대군아기씨를 강화로 옮기되 미리 알려 주지도 않고 늦도록 안부 알리는 사람도 찾아오지 아니하거늘 정말로 수상히 여겨 새로이 근심하시고, 아기씨께 보낼 실과며 고기를 잘 담아 침실에 놓아 두시고, 즐기시던 실과니 종이, 붓자루 같은 것들도 곁에 놓아 두시고,

“어찌 오늘은 여지껏 안부도 알려 오지 않는고? 필경 무슨 까닭이 있도다. 아무려나 높은 데 올라가 궁 밖 길의 동정이나 알고 오라.”

하시거늘, 전에 침실로 썼던 다락 근처에 올라가 바라다보니 사람들이 돈의문을 뺑 둘러싸 있고 성 위에 올라가 굽어보니 그 수를 헤아리기 어려울 만큼 늘어섰는데, 화살 차고 햇빛 같은 창 · 환도 가진 이가 수

없이 많고 길 가는 거동으로 말 탄 이가 굉장히 많더라.

바라다보고 있으려니 하도 가엾은 생각이 들어 눈물이 절로 흐르는 것을 참지 못하고, 보려고 애를 썼으나 종적을 알 수 없다가 자세히 살피니 검은 발로 덩(공주나 옹주가 타는 가마) 비슷한 것을 메고 나인 두세 사람은 말 타고 투구 쓰고, 들려오는 소리가 전에 듣던 소리기에 그제서야 이젠 죽이려나 보다 생각하고 내려와,

"아무리 살펴보았사오나 종적을 알지 못하겠더이다."

하고 여쭈면서도 한편으로 서러운 생각은 차마 참고 견딜 수 없더라.

바깥 사람들이 길 닦는 곳에 있기에 그 곳에 가서 가만히 들어 보니,

"대군을 강화로 옮긴다니 참 불쌍하더라."

하거늘 그제야 강화로 옮기는 줄 알았는데, 며칠이 지났으나 안부도 오지 않고 강화로 옮겼단 말도 알려 주지 않았더라.

위께서는 나인만 계속 보채시며,

"어서 안부나 알아다 이르라."

하시지만, 어디 가서 안부를 들을 수 있으리요. 내관더러 이르시기를,

"안부는 염려 없이 들으시리라 하더니 벌써 수일째나 안부를 모르니 어디 가 있으며 어찌 언약과 다릅니까? 먹을 것은 마음대로 보내라 하셨기에 드렸더니 임금으로서 설마 속일 리야 있을까 하여 철석같이 믿었더니 이제 와선 속인 게 분명하니 간 곳이나 이르라."

하시나, 대답조차도 않더라.

대군이 아직 안 가셨을 때 김 상궁께 업히셔서 슬픔을 이기지 못하여 우시면서,

"내 발을 씻겨라, 목욕도 시켜 다오."

하시거늘,

"아기네도 목욕을 하는가? 못하시는 건데 무슨 일을 하려고 목욕을

하려는가?"

하시며,

"무슨 일로 저리 우시는고?"

하시며 가장 슬피 우시다가 유월 스무하룻날이 되니,

"오늘이 며칠이뇨?"

하시거늘,

"날은 알아서 무엇 하시는고?"

하고 묻자

"알 만한 일이 있어서 묻노라."

하시고, 더욱 서러워 우시기에 모두 다 수상히 여겼더니 과연 유월 스무하룻날에 데려갔더라.

정신이 기특하셔서 당신에게 닥칠 화를 아신 것 같았다 하더라.

위께서는 더욱 서러우셔서 곡기를 끊으시고 밤낮 애통히 우시는 걸로 세월을 보내시더니 하도 권하는 바람에 콩가루를 냉수에 풀어 간장 종지로 잡수시고 그것도 하루에 한 번씩도 안 잡수시면 변 상궁이 울고 간절히 아뢰되,

"목마르심이나 적시우시고 우십시오."

하고 말해야 두어 번씩 마시오시더라.

계축년, 갑인년, 을묘년까지는 콩가루를 꿀물에 탄 것을 하루에 한 번씩만 잡수시더니,

"대군의 기별을 알아보라."

하시며, 문안을 오는 내관더러 아무리 일러 보아도 들은 체도 않더라.

안으로 장정 나인 십여 인과 밖으로 장정 내관들을 보내는 것은 위께서 대군을 데려오시려고 밖에 나가실까 염려함이라. 문을 다 밀어서 닫고 샛문도 탕탕 소리나게 닫아 버리곤 이루 다할 수 없는 말로 꾸짖고

갔더라.

아기 나인들이 혹시 울기라도 하면 은덕이와 갑이가 꾸짖으며,

"요년들, 대군이 죽든지 살든지 무슨 아랑곳이냐? 네 어미나 아비가 죽거든 울지 대군을 생각해서 울지 말아라. 우는 눈에 재나 집어 넣을 것이다."

하고 꾸짖고 때리니, 사람이 나다니질 못했더라.

달포가 다 되었으되 강화로 옮겼다는 말을 안 하거늘 기별을 들을 길이 없어 더욱 망극히 여겨 서러워 하였더라. 본가 댁 부부인이 살아 계신지 어쩐지 통 알지 못하여 문안 오는 내관더러,

"문을 열어 노모의 생사에 관한 기별이나 듣고 죽게 하여라."

하시며 간절히 비셨으나, 대답도 않다가 여러 번 조르시니 내관을 꾸짖으며,

"역적의 집안이라 하는 것은 삼족을 멸하여 그 집을 부수고 못살게 하는 법이거늘 내 굳게 고집하여 누르고 내수사에 일러 양식이나마 들여 지내게 하였거늘 이리 지나치게 문 열고 기별을 듣고 싶어하시게 하느냐? 너희들 나인이 꾸부리고 앉아서 '어버이의 기별이나 들어 보십시오' 하고 보채기에 이리 하는 것이 아니냐? 다시 이런 말을 하면 너희들을 다 죽일 것이니 다시는 말하지 말라."

하는 것이었다.

또 그 해 가을에 문을 열어 달라고 날마다 내관에게 일러 보채시니 천 번에 한 번도 들은 체를 않다가 내관에게 전어하되,

"그렇다고 한 해, 두 해를 닫아 두며 삼 년을 닫아 두랴. 아직 잡지 못한 죄인 박치의를 마저 잡으면 문을 열어 주마."

하더라.

탄일이 다다라 내전에서 별문안 드리는 내관을 보내시니 이에 대답하

옵시기를,

"옛날 모습 뵈옵던 일을 생각하옵시니 감격하거니와, 나도 사람이요 내전도 사람이나 사람의 정은 한가지인 줄 아오이다. 온갖 일에 모두 탈을 잡고 어버이와 동생을 다 내어 죽였삽고, 대군마저 내어다가 어디로 갔다는 말도 듣지 못하니 아마 해를 당하였을 것이니 그 서러움이란 비길 곳이 없사오나, 모진 목숨이 죽지를 못하여 살아서 노모의 안부나 듣고자 밤낮으로 바라고 있으니, 문을 열어 안부나 듣고 죽게 주선하여 주면 지하에 가도 잊지 못할 것이요, 죽어도 눈을 감고 죽을 수 있으오리다."

하고 말씀하셨으나, 대답도 않더라.

이 해 정초에 문안드리는 내관에게 또 이렇듯 이르시었으나 이 역시 아무런 대답도 없더라.

나인이라는 것은 본시 관청의 일만 하고 밖의 어버이와 동생들이 세상일을 돌아보는 법이라 거의 모두가 대문 열 때를 몰라 답답하고 민망하여, 저희들이 입은 옷들도 당초에 죽게 되는지 살게 되는지 짐작을 못하여 행여 불행한 일이 있어도 저희들 것으로나 시체를 싸리라 생각하고, 윗전께서 대군과 함께 죽으려고 하심에 죽음과 삶을 알지 못하여 당장 입은 것 이외에는 모두 내어보내었더니 앞뒤 사례를 헤아려 보니 상하가 손수 죽음이 같지 아니하여 일시에 다 살았으니 지난날을 그리어 보매 하도 민망하여 차비 내관에게 모든 나인이 아무리 빌어도 들은 체를 아니하고 들어 줄 데가 없어 나인들이 구석구석에 모여 앉아 울거늘, 윗전께서 나인들 입을 것들을 주시고 이르시기를,

"설움을 조금만 견디어라. 나는 나라의 어른으로서 남에게 잡힌 바 인질이 되어 하루에 두 번씩 본가의 안부나 알고, 잠시를 떠나지 아니하고 내 곁에 있던 대군을 내어 주었으니, 너희들도 조금만 답답함

을 견디고 어지럽게 내관더러 통사정을 하지 말아 다오. 행여 알 길
이 있으련만 이리 철통 속에 든 것처럼 기별도 한번 통하지 않으니
서러워하는 줄은 모르고 상하 서로 기별이나 듣고 잘 지내고 있는가
여기어 범의 위엄을 더욱 낼 것이니 조심하여 살고, 틈을 보아 소식
을 알릴 생각은 말라."
하고 백번 당부하시니,
　"아니 하리이다."
하더라. 그래도 견디지 못하여, 바깥 행랑에 큰 대문이 있어 본시 닫아
놓은 문이로되 군사들이 지켜 서서 빈청 뜰을 사뭇 살피고 있어 혹 아
비(수령의 사비) 따위가 다니는 양을 보나 전할 길이 없어 허송 세월을
보냈던 것이더라.
　당초에 뜻밖에 환난을 만나 정전에 계시지 못하여 후궁이나 정빈이나
모두 한 가지 꼴이 되었으니 거적을 깔고 본가의 상중이라 망극함을 지
내오시더라.
　나인 중환이와 경춘이란 하인은 예부터 입궐하여 살고 있었는데, 경
춘이는 의인왕후 친가 댁 종이나 혼전 삼 년 후에 침실상궁이 용하다
여쭈어 들였더니 늙은 나인들은 이르기를,
　"본가 댁 종이나 이제 가까이 모시는 소임을 맡기는 것은 옳지 못하
　다."
하니, 윗전께서 듣자오시고,
　"무식한 말이로다. 나라의 어른이 되어 내 종, 전 왕비의 종을 구별하
　랴. 의인 본가 댁 식구들이 본시 용하시다 들었고 의인이 어지심을
　들었으니, 상전이 착한즉 종조차 용하다 들었노라. 비록 하인이나 순
　직함이 제일이니 옛과 이제를 따지지 말고 부리라."
하오시거늘 침실의 등촉 밝히는 소임을 맡기었더니, 중환이는 각사 사

람으로서 어릴 때 대궐에 들어왔으나 뜻이 용하지 못하여 여러 번 궁 밖으로 내어쫓긴 바 있던 소인이거늘, 다시 경춘이와 한 소임을 맡았으나 중환이는 옛 하인이라 등촉 밝히는 소임을 주었고, 덕복이는 시집 본가 댁 하인 출신이라도 상직방(숙직방) 등촉 밝히는 소임을 맡으라고 명하셨으니, 예부터 있던 나인들이 말하기를,

"너무 사람을 믿어 저와 같이 처리하오시니 어지시기로는 비할 데 없으나 예부터 이런 일은 아니하는 일이라."

하더라. 아직 보니 흉한 일은 아니 일어나리라 여기시더니, 중환이 제 오라비가 안장을 위조한 사실이 드러나 여러 사람이 형추(형장으로 정강이를 때려 가면서 신문하는 일)하매 대전을 원망함이 날로 심하여져서 원망하고 미워함을 이기지 못하여 공연히 원망의 말을 자주 하니, 듣는 자 번거롭다 하여 생심도 그런 말 말라 일렀더니 원망하는 사실을 가히가 알고 들어가 에워싸 달래며 가장 은근히 말하여 정이 붙게 한 뒤에,

"네가 내 이르는 말을 듣는다면 네 오라비를 살려 주마."

하고 언약한 후 진상하는 수라 은바리를 도적질하여 가히에게 주었더라.

임자년 유월 열여드렛날은 왕자 되시는 경평군(선조 대왕의 11남으로 온빈 한씨 소생)의 생일이었더니, 소주방(대궐 안의 음식을 만드는 곳) 하인이 진지 받으러 간 사이를 틈타 중환이가 망을 보고 경춘이가 잠근 문고리를 뚫고 바리를 내어다가 가히에게 주고 오니 사람들이 모두 수군거리기를,

"경춘이와 중환이는 한통속이다."

라고 말했으나, 침실 상궁들은 의심을 아니하니 뉘라서 소문을 낼 수 있으리요. 중환이는 본시 제 동생의 일로 원망하는 사람이요, 경춘이는 자기보다 조금 손위 상궁을 보아도 꿇어 엎드려 인사를 하고 고개를 쳐

들어 말을 아니하고 입 밖으로 큰 소리를 내어 말하는 법이 없으니 뉘라서 저들을 의심하리요?

점쟁이에게 잃은 물건의 행방을 물으니,

"그 모습이 뺨이 약간 붉은 듯하고 남과 더불어 말도 아니하는 사람이 가져다가 사람의 손이 미치기 어려운 이에게 주었으니 가장 찾기 어렵다."

하거늘, 모두 이르기를,

"경춘이 낯이 창백하니 그가 가져갔도다."

하되 곧이듣지 아니하고,

"경춘이는 억울하다."

하더라.

저희들은 무릇 일을 즐겨 밤이면 샛문을 열고 가서 위께서 입으시는 옷이며 아기씨의 옷 입으시는 것이며 나인들이 밥 떠 먹는 일까지 샅샅이 가히한테 일러바친 뒤에야 제 오라비를 놓아 주었더라.

우리는 그렇게 어울려 사귀는 줄을 몰랐었더니, 계축년 변이 일어나니 저들은 그렇게 될 줄을 미리 알고 가히의 심복이 되고서도 우리들 보는 데서는 남의 눈에 더욱 서러운 체하려고 땅을 헤치며 서러워하는 형상을 하니 죄벌의 대를 다 두고 상궁이 울며 이르기를,

"우리가 너희 둘을 각별히 가엾게 여김은 의인 마마의 종이요 중환이는 아이 때부터 보던 것이니 너희들은 살 수 있는 것이니, 우리가 없어도 아기씨께서 좋아하시던 실과나 명일이 되거든 생각해서 올려라."

하니, 둘이 울고,

"이리 말씀 안 하셔도 어련히 생각하여 하리이까?"

하더라.

마음속엔 비수를 품고 있으면서도 밖으로는 서러워하는 체를 하니 진정으로 그런가 하고 믿었더라.

임자년 사월에 나인들이 잔치를 하여 먹으며 그 전의 상궁들을 청하니, 두어 사람은 순순히 오고 가히는 병을 빙자하여 오지 않기에 재삼 청하니,

"중병을 앓았던 뒤라 못 가겠노라."

하고, 마침내 오지 않았더라.

삼경이나 되어서 혼자 가만히 침실 곁 소주방에 오되, 낡은 곁마기(여자가 입던 예복의 하나로, 연두 바탕에 자줏빛으로 겨드랑이·깃·고름·끝동을 단 저고리)를 입고 족두리를 눌러쓰고 소리나지 않는 신을 신고 소주방에 들어갔다 가만히 나와 침실로 들어가려 할 바로 그 때에 마침 침실 상궁이 소변 보러 나왔다가 침실 근처가 하도 고요하기에 놀라, 다른 전 사람들도 많이 와 있으니 혹시나 잡하인이라도 들어갈까 염려해 침실로 들어가 보려 하니, 가히가 있다가 김 상궁을 보고 놀라 피하려 애를 쓰다 문 안으로 들어가 가까이 다가가니 숨을 곳을 몰라 쩔쩔매다 고개만 푹 수그리고 지게문 뒤로 낯을 돌린 채 부들부들 떨고 섰는데, 김 상궁도 하도 무서워서 나왔다 들어가지 못하다가 마음을 당돌하게 먹고 들어가,

"자네 뉘신고?"

하며, 여러 번 물어도 대답을 않고 몹시 떨기에 이미 가히의 소행인 줄을 알건만 날이 어두워 혹시 아닌지도 몰라 덥석 손을 잡으며,

"자네는 뉘신고?"

하고 하도 여러 번 물었더니 그제야,

"내로세."

하거늘,

"상궁이신가?"

하고 묻자

"예, 내로세."

하거늘,

"어찌 와 계시던고?"

하니,

"저 구경 좀 하러 왔더니."

하더라.

잡아 보았자 어디다 고할 수도 없고 두 전 사이가 점점 더 시끄러워지기만 할 뿐이어서 일부러 놓아 보내 주며,

"아파서 못 오겠다 하여 무척 섭섭했었는데, 구경을 하고 가신다니 기쁘오이."

하고 놓아 보냈더라. 손목을 잡았을 때엔 마치 산 고기가 날뛰는 것처럼 뿌리치며 용을 썼더라.

이 말을 김 상궁이 일체 입 밖에 내질 않고 남 모르는 근심을 하던 차에 대군이 나시면서부터는 더욱 꺼리다가, 무신년 이후 임해군의 일이 나면서부터는 더욱 헛말을 지어 내니 주야로 윗전과 나인들이 근심으로 지내다가, 임자년 괘방(정령이나 포고 등을 붙여 공시하는 일. 이름을 숨기고 글을 써 붙이는 것) 일로 대군을 미워함이 더욱더 심해졌더라.

두 대궐의 샛문을 잠가 두고 열 때엔 내관이 열어야 조석문안을 드리는 상궁이 다녔더라. 그러하매 틈을 타서 자객을 시켜 대군을 죽이려다 대군이 침실에서 주무시니 못하고 방정만 하고 가곤 했더라.

이후부터는 소주방 마루 아래에서 아이가 소리 높여 울고 한숨 소리가 하도 나서, 저녁때엔 차마 사람들이 그 근처에 들어가질 못하고 무서워한다고 하되, 가히가 왔던 말이 날까 하여 일체 들은 체도 않고 못 들은

체하여 아이들이 무서워한다 하여도 도깨비가 나왔다고 속이고 살았던 것이더라. 중환이와 경춘이가 한마음으로 하여 와서 그렇게 하더라.

제 집에서 방정을 하여 두고, 우리를 향하여 대란을 지어 내어 저희들은 중환이와 경춘이들에게 은혜를 끼쳐 두고 온갖 노릇을 다 하였거니와, 우리는 남을 해할 뜻이 없고 앞뒤의 사정을 알 리도 없으며 그 전의 침실 기슭도 알지 못했더라.

계축년 동짓달에 중환이가 말하되,

"내 오라비가 무거운 죄를 짓고 옥에 갇혀 있을 때에 어떤 중이 이르기를, 《사자경》과 《다라파축》(다라니주를 말하는 듯함)을 읽으면 갇힌 일도 풀리고 잠긴 문도 쉽게 열리며 크고 작은 재앙에서도 벗어난다고 하기에 옥중에서도 항상 읽었더니 그 덕을 입었는지 이제 살아나서 놓여 나왔으니, 이 일하고는 좀 다르지만 대군이나 살아나시고 닫힌 문이나 쉽게 열리게 가만히 손들고 앉아 계신 것보다는 정성을 들이셔서 그것이나 하여 보옵소서."

하거늘, 위께서 들으시고 그럴 만하게 여기시고 그 중에서도 김 상궁이 그럴싸하게 여기고,

"이 경을 읽어 보소서."

하니, 위께서 말리오시되,

"경이란 것은 가장 공손하고 정성을 들여야 덕을 입는다 하는데, 모든 사람의 마음이 어지럽고 내 마음도 주야로 곡읍에 잠겨서 마음이 미어지는 듯 아프고 서럽거늘 누구의 마음이 내켜서 경을 읽을 수 있으리, 말라."

하오시니,

"전교는 마땅하옵거니와 덕을 입어 문을 쉽게 열고 본가 댁과 아기씨의 기별을 속히 들을 수 있으시도록 앉아서 괴로워만 하실 게 아니라

읽어 보소서."

하고 여러 번 청하니,

"너희들이나 읽도록 하여라."

하시더라.

들어 계신 곳은 차비가 가까우니 더럽고 요란함에, 대군이 들어 계시던 집이 정결하고 인적이 없는 곳이라 중환이가 말로 옮기는 것을 받아 언문으로 써서 그 곳에서 경을 읽었더니 도리어 흉한 마음을 내어 고할 뜻을 품고 틈을 못 얻어 애쓰더니, 제 오라비가 세자궁의 등촉 비치는 자라 항상 닫아 놓은 문 밖에 와서 제 누이의 기별을 들으려고 지나쳐 다니는 양을 틈으로 엿보고, 밤에 뇌물을 주고 군사를 사귀어 제 오라비를 불러다 온갖 말을 다 하고 글월을 써서 가히에게 보내되, '샛문으로 오면 하던 말을 다 일러 주마.' 하더라.

기별을 듣지 못하여 민망해하다가 밤중에 문을 열고 와서 가히가 중환이를 달래되,

"하는 일을 자세하게 일러바치면 너를 먼저 나가게 해 주리라."

하니, 공을 얻으려 애써도 일러바칠 일이 없던 터라 제가 가르쳐서 경읽는 말을 옮기고,

"대비 마마께서 친히 가서 하늘에 제사 지내고 대전을 죽으라고 비신다."

하고 고해바치더라. 참소를 하려고 가히, 은덕이, 동궁 무수리인 업관이를 데려다가 그 경 읽는 곳을 가리켜 보이되, 위께서 친히 나가신 일이 없고 경을 읽는 일로 인해 잡아다 죽이지를 못하니 무슨 트집이라도 잡아서 남아 있는 나인들마저 죽여 버리고 윗전을 혼자 계시게 하여 애를 태우시다가 승하하오시게 하려 하였으나 트집을 잡을 말을 못 얻어 애쓰더라.

제2권

이 해 납월(음력 섣달의 별칭)에 중환이가 문 상궁더러 말하되,

"얼마 전에 가만히 오라비를 불러 어머니의 안부를 물었더니 행여 동생의 안부나 알고자 하시지 않나 하는 생각에서 이런 말을 드리는 것이니, 서로 내통한다는 소문을 내서야 되겠습니까? 그러니 상궁만 아시고 글월을 적어 주십시오."

하니, 그 상궁은 원래 남을 잘 믿더니, 평소부터 중환이를 가엾게 생각하고 있었던지라 중환이 제 오라비가 옥에 갇혀 있었을 때 쌀에 반찬에 입을 것까지 주었더니 그 은혜를 중히 여기어 말하되,

"상궁 은혜는 죽어서 땅 속에 들어가도 결코 잊을 수 없을 만큼 크고 크니 어찌 다 갚사올꼬."

하는 사이니, 추호도 의심을 하지 않고 오라비인 문득람에게 글월을 써서 주었더니 즉시로 답장을 받아다 주더라.

본전 감찰 상궁의 종 부전이와 천복이의 종 은덕이가 모두 중환이의 심복이 되어 오로지 공을 세워 보려고 한패가 되어 밤낮을 가리지 않고 동정을 살피며 무슨 일이라도 보는 대로 고해 바치면 중환이는 들어 두었다 밤이 되면 담을 넘어가 내통하곤 했더라.

대비께서 계신 곳은 동쪽 구석이고 중환이가 거처하는 곳은 서남쪽 행랑이요 남의 전으로 통하는 곳은 서쪽 구석이니, 동쪽과 서쪽을 통틀어 알고 다닐 만한 사람이 여럿 나가 죽었으니 궁중이 텅 비어 밤이면 인적이 끊어져서 일만 군사가 들어와 날뛴다 해도 알 길이 없을 형편이라, 중환의 행동거지를 살펴본즉 차차 수상한 점이 드러나고 대비전을 향해서도 원망하고 옥에 갇히러 가는 나인을 보고도 생각 말라 꾸짖되,

"편히 살지 못하려고 이런 큰일을 저질러 서러운 노릇을 당하는 게 다 뉘 탓인고?"

하더라.

이러면서도 중환이는 태연자약하게 문 상궁한테 드나드니, 그 상궁은 추호도 의심을 않고 설사 다른 나인이 중환이는 하늘을 두려워 않고 배반하는 뜻을 품고 있다고 이르기라도 하면,

"그 사람이 그런 뜻을 품을 리가 있나? 절대로 그럴 리가 없을 걸세. 남들이 시기해서 그런다."

하더라.

중환이 또 문 상궁을 달래며 하는 소리가,

"시녀 방씨는 그전에 나가서 아무 탈 없이 잘 살고 있고 그의 오라비는 대전별감을 지냈으나, 대군께서 가 계신 곳에도 간다는군요. 그러니 기별 듣기가 아니 쉽사올까?"

하니, 상궁이 말하되,

"대군이 가 계신 곳이 어디라고, 누가 그런 무서운 일을 하리."

하니,

"제 오라비를 시켜서 통하리다."

하거늘, 아기씨의 안부를 알고 싶은 일념에서 글월을 써 주고 위께 여쭙되,

"가장 믿을 만하고 용한 편이 있어 아기씨의 안부를 알려고 갔으니 곧 기별이 오리이다."

하니,

"누가 그런 일을 하였느냐?"

하오시니,

"중환이 오라비가 가지고 가서 시녀 애일에게로 갔삽나이다."

하니 위께서 놀라시며,

"그런 마음은 갖지도 말라. 기별을 알아서 말해 주는 은혜는 하늘처럼 여기겠거니와, 내통하는 줄만 알게 되는 날엔 권세를 더 얻어 우리에게 화가 더 미칠까 걱정이 되노라. 이후부턴 그런 생각일랑 마음에 품어선 안 되노라. 서러움이야 이루 다 일러 무엇하리요만 서로 살아만 있으면 자연히 알고 들을 길이 있을 것이니 위태한 일을 전하지 못하리라."

하시니, 대답하되,

"이 하인은 예부터 순직하고 소인한데 은혜를 입은 바도 많사옴에 조금도 해 끼쳐 드릴 뜻은 없을 것이옵니다. 믿어 보옵소서."

하고 말하더라. 그 뒤에 매양 글월을 받아다가 주되, 그 때마다 더욱 신신당부를 하시곤 하더라.

애일의 글에 적혀 있기를,

　　소인이 죽지 못하여 밖에 나와 편안히 앉았으니 대비전 일과 상궁네들이 당하고 계신 고초를 생각하니 망극하고 서럽기 그지없사옵니다. 비록 나인의 몸이나 대비전 은공을 갚사올 길이 없어 애타하던 중에 아기씨 안부를 몰라 하오시니, 죽을 힘을 다하여 동생이 별감으로서 아기씨를 따라 갔사온즉 글월 써서 주옵시면 어린 상궁께 가만히 주고 글월 받아오라 하리이다.

하였거늘, 문 상궁이 반갑고 기쁘기 그지없이 윗전께서 항상 기별을 몰라 서러워하오시니 한번 답답한 느낌을 없애 드리자 하고 글월을 가지고 가서 변 상궁께 그 이야기를 하니, 변 상궁은 가장 놀라며 화를 내고 이르기를,

"문가와 김가가 서로 미워하기를 적국과 같이 심하거늘 바깥과 통하여 글월을 받아 옴도 큰일인데, 어디 가서 아기씨의 안부를 알아 올 수 있다는 것인가? 이런 생각을 한다는 것은 그 정성이 지극한 줄 알거니와, 이 사실이 발각된다면 일이 크게 벌어질 것이니 여쭙지 말라."

하자, 문 상궁이 화를 낸 얼굴로 대답하기를,

"어찌 이런 말을 하시느뇨? 행여 사람을 불러 온 것이 아니라 미더운 일로 알게 된 것이니 형님도 그런 의심일랑 하지 마오소서."

하고, 윗전께 나아가 그 말씀을 드리니, 윗전께서 방바닥에 몸을 굴리며 애통해하시면서,

"강화섬으로 아이를 옮기는 줄 생각도 못했더니 세상일이 어떻게 돌아가려는지 아무것도 모르는 아이를 섬에 보내었으니 이 서러움이야 그 어디다가 비길 곳 있으리요. 혼자 안부를 몰라 밤낮으로 서러워하는 처지이니 차마 안부를 아니 알고자 할 까닭이 있겠느냐만, 스스로 알아 올리겠다고 하니 기쁘기 그지없거니와 요공(자기의 공을 스스로 드러내어 자랑하는 것)하려 하는가 의심이 되니 내편에선 글월을 써 주지 못하겠노라."

하오시니, 문 상궁이 다시 여쭈오기를,

"내외에 믿을 만한 사람 가운데 이만한 사람도 없삽고 나라를 위해서도 정성을 다한 사람이오니 요공하고자 하는 사람이면 소인이 이토록 천거하오리이까? 그러시다면 소인을 못 믿어 아니 써 주시는 것이라고 알겠사옵니다."

하니 변 상궁이 여쭈오되,

"믿을 수 없는 위인이로소이다. 중환이가 흉측한 마음을 먹고 죽은 나인이며 대비전을 원망하고 아무 일이나 얻어서 아뢰려고 설심(간사한 꾀로 남을 속이려는 마음)을 먹었고, 제 누이 늦여름에 밤낮으로 한

데에서 발을 고쳐 디뎌 조그만 허물이라도 알아 내려고 하거늘 큰 화를 무릅쓰려고 권하는가 싶으오니, 윗전 마마께오서는 지그시 참으셔서 아기씨에게 대한 기별을 아시려고 하지 마옵소서."

하고 못내 여쭈오니,

"나도 그처럼 생각하노라. 반갑고 서러운 정으로 보아서야 즉시 글월을 보낼 것으로되 무서워 못하노라."

하오시거늘, 변 상궁이 다시 여쭈기를,

"아예 그런 생각은 품지 마사이다."

하니, 문 상궁이 다시금 여쭈오기를,

"글월을 적어 주소서."

하니, 변 상궁이 여쭈기를,

"내 차비문에 가서 소리 질러 이르리라. 조용히 듣기나 할 일이지 어찌 이런 일을 하시라고 하나뇨?"

하니, 문 상궁이 크게 노하여 이르기를,

"상궁이 시위하여 윗전을 위하여 정성이 지극하신 줄 여겼더니 이 일로 미루어 보니 실로 정성이 없으시도다. 밤낮으로 슬픔에 잠기오셔 물만 마시오시고 본가 댁과 아기씨 안부를 알려고 하시나 방도 없어 하오시다가 이리 착한 사람을 얻어 만나기도 쉬운 일이 아니건대, 아무런 일이 일어나든 내가 알아서 할 것이니 상관말고 버려 두시오."

하고 성을 내며 방에 들어가 글월을 써서 갖고 나와 변 상궁에게 보여 주더라.

그 글월에 적혀 있기를,

윗전께오서 아기씨를 여의시고 기별을 몰라 하오시더니 믿을 만한 사람이 나섰기로 아기씨 안부 알고자 글월을 써 가니, 보고 병이나 아니드시게 잘 뫼시도록 해 다오. 아무것이나 잡숫고자 하시거든 가져간 것을 아끼지 말고 물 긷는 하인이나 주어 사서 잡숫게 하고 아무려나 잘 견디어 뫼시도록 하여라. 문 곧 열리면 기별을 아니 드릴까 보냐.

하였더라.

중환이가 담을 넘어가서 통하고 제 물건을 모두 훔쳐서 가히에게 보내고 빈 몸만 남아 있더라.

문 상궁더러 글월 썼거든 달라고 하니 글월을 봉하여 주며 답장을 받아 달라 하더라.

변 상궁이 중환이가 흉한 마음을 먹은 줄 알고 문 상궁더러,

"글월 보내지 말고 다시 가져오게 하시오. 이러이러한 소문이 있으니 주지 마오."

하니,

"남이 미워서 그리 이르거니와 그럴 까닭이 없나이다."

하거늘,

"아뢰면 큰일이 날 것이니 어서 찾아오라."

하니,

"종을 시켜 일하는 틈으로 오라비 왔거늘 주고 없소이다."

하거늘, 또 달라고 하니 꾸짖고 아니 주더라.

글월을 떼어 보고 감추고 없다고 하며 돌려 주지를 않았더라.

변 상궁이 문 상궁에게 사람 부리되 마침 내 주지 아니하고 틈을 내어 제 오라비 차충룡을 주어 가히에게 드리니 그제서야 장물을 삽다다 하여 새로이 내외 사람을 섣달 그믐날 하옥하고, 갑인년(광해군 6년) 초하룻날 추국(의금부에서 특지에 의해 중죄인을 신문함)이 시작되었다. 문

상궁더러 허가를 얻었다는 핑계로 제 집의 안부 통하던 이는 다 잡아 내고 말았던 것이더라.

문 상궁이 중환이더러 이르기를,

"은혜를 입어 나로 말미암아 추위와 더위를 벗고, 배고프고 목마름을 내 덕으로 모르고 지내 왔으며, 네 오라비 갇히어 죽게 되었을 때 내가 불쌍히 여겨 음식이며 입을 것을 주어 살아났거든, 이제 나를 달래어 글월하여 달라고 보채기에 나도 사람이라 나라 어른께서 서러워하오심이 하도 보기에 안타까워 한번 기쁘게 해 드리고자 하였더니, 네가 나라 어른을 배반함은 고사하고 어찌 나까지 저버리느냐?"

중환이가 땅 위로 데굴데굴 뒹굴고 가슴을 두드리며 손뼉을 쳐서 맹세하기를,

"내가 아뢰었다면 얼마 전에 죽은 어미 시체를 헤쳐서 회를 해 먹으려 하노라."

하고 하도 뒹굴며 우니, 모두 그 정경을 보고 다 애매한 말을 듣는가 여기더라.

중환이가 문 사이로 세간을 몰래 꺼내느라고 밤이 새도록 드나들 때 색장 나인의 시종이 보았더니 행여 소문을 내지나 않을까 하고 매양 벼르더니, 아무런 죄도 없이 이 틈에 잡아 내가니라.

중환이부터 시작해서 음덕이, 부전이 셋을 잡아 내어 갈 때 중환이는 얼굴에 기쁜 빛이 나타나고 두 하인은 어서 오라고 하니 울부짖으며 셋이 차례로 나가더라.

중환이는 아뢰었다 하여 불쌍히 여겨 죄인 취급을 하지 않고 가마에 태워서 추국청에 데려다가 앉혀 두고 미리 서로 짜 놓았던 말로 물으며 빗아치(어떤 빗에서 사무를 보는 사람. 빗은 곧 색이니, 관청의 과 또는 계 같은 것)에게 다 알리고 근거 없는 거짓말을 다 써서 문 상궁이 애일

이에게 한 글이며 강화섬에 대해 적은 글월을 고쳐서 더 보태어 써서 있지도 하지도 않은 말을 지어서 명나라 장수에게 아뢰어 우리 문을 쉬열게 하라 하는 내용을 적어 넣었고, 강화섬 말을 적어 넣은 글월에는 잘 길러 두었다가 당장에 와서 문이 열리기는 고이 돌아오시게 하라 하는 등 무상불측한 말을 정말로 적어 넣어 추국청에 내어보이며 중환이더러,

"이 말이 옳으냐?"

하고 물으니,

"다 옳소이다. 대군이 계셨던 집에서는 고사를 지내더이다."

하였다.

"그 말이 과연 옳은가? 네 분명히 아는가."

"아나이다."

"누구를 위하여 빌더냐?"

"대전 마마 죽으라고 빌더이다."

"어떤 모양으로 빌더냐?"

"향로에 향 피우고 향합 놓고 과자, 떡, 실과 놓고 꽃다발을 만들어 놓고 목욕하고 정성들여 빌더이다."

"네 보았느냐?"

"보았사옵니다."

하더라.

모든 일을 자기가 마치 본 듯이 일러바쳤더라.

안에서 추국하는 일을 마루 밑에서 듣는 줄 아니 측량 없는 거짓말을 하노라 소리를 가만히 하여 문사낭청이 겨우 알아듣게 하더라.

그전에 조그만 혐의 있던 사람들은 모두 이르니, 이름 오르는 사람은 몸에 땀이 흐르고, 앉고 서매 기운을 이기지 못하여 떨고 발을 옮겨 디

디지 못하니 곁에 서 있는 사람이 남의 일같이 느껴지지 않았더라.

　그 틈에 가 앉아서 귀를 기울여 듣다가 이름 부를 때에 자기 이름이 아니면 조금 살 것 같은 느낌이 들곤 했더라.

　온 궁 안이 새로이 요란하고 떠들썩해지니 나인들은 차비문에 가서 대령하고 있고 밖에서 문 상궁 오라비와 조카와 종 남녀 네 명과 아울러 어미까지 극형에 처하고 애일이는 위에서 사약을 내려 죽이더라.

　문틈으로 통하던 시녀 최씨와 최씨 아비 최수일과 중환이의 오라비가 서로 통할 때 그 정경을 본 서응상 부처와 문 밑에 와 앉았던 서리를 다 새로이 옥사를 이루어 사람을 죽임이 더욱 심하더니, 갑인 이월 음력 보름이 지나서 문 상궁과 차비문 시종 영화와 색장 시종을 모두 잡아 내고, 스무날 후에는 공주의 보모 상궁 권씨와 시녀 최씨와 또 시녀 최씨와 차비문 종 춘향이, 대군을 곁에서 시중 드는 하인 춘단이, 천금이를 잡아 내다가 옷을 갈아입으라고 하나 저는 어린 것같이 섰거늘 남이 얻어 입혀서 보내더니,

　"때 늦어 가면 겹겹이 내관 내어 속히 잡아 내라. 더디면 잡아 내어
　　하옥하리라."
하며, 사람이 발이 땅에 붙지 아니할 정도로 몹시 서둘러 헤매고 곡성이 천지를 진동하더니 의녀 대여섯이 침실에 들어와,

　"어서 내라."
하며 보채고 차비문 안에는 내관이 들어와,

　"어서 내라."
하고 보채니, 궁중이 불편하여 어찌 높고 낮음을 따질 경황이 있으리요.

　색장 나인을 모조리 잡아 내었더라.

　"어찌 죄인을 더디 잡아 내느냐?"
하고 몹시 위협하니 뛰어 달아나다가 집 안 뒷간에 숨기도 하고 마루

아래에 숨기도 하니, 내관은,

"감찰 상궁은 색장 상궁을 다 잡아 내라."

하더라. 나인들이,

"죽으러 가옵니다. 마지막 죽을 마당에 감히 한번 부탁하오니 눈감아 주소서."

하고 의녀에게 빌 때에,

"어서 내라."

하니, 의녀도 두려운 생각이 들어서,

"어디를 올라가느뇨?"

하고 뒤에서 덤벼들어 머리를 끌어당기니 고개가 젖혀지고 소리 질러 울면서,

"어찌 이리 서럽게 하나뇨? 윗전을 모시는 시녀의 몸으로서 의녀에게 머리 잡힐 줄을 어이 생각이나 하였으리요."

하고 모두 의녀를 꾸짖으니,

"우리를 죽이려고 하니 어이 속히 잡아 내지 않을 수 있으리요."

하더라.

이렇듯 핍박하고 부끄럽고 욕되게 함이 한두 번뿐이랴.

"자식이 없는 아녀자의 몸이나, 윗전께오서 억울하신 일을 만나 계오시니 비록 극형하여 만가지로 다루고 보챈다 하여도 설마 거짓 자백 아니 하리이다. 어찌 살고자 하는 마음이 없겠사오리까마는, 나라 어른께서 서러운 일을 보아 계시오매 종에게까지 억울한 일이 미쳤으니 이 서러움은 하늘이 반드시 아오실 것이니 죽기를 좋은 데 돌아감과 같이 죽으러 가옵나이다."

하고 의녀에게 몰리어 차비문으로 나가니, 나장이며 도사들이 와서 기다리고 있다가 돌아갔던 것이더라.

사람 잡아 낼 적이면 더욱 위엄을 부려 내관이며 나인부터 잡아 내 갔더라.

시녀로 있던 최씨 여옥이라는 것이 경술년에 시녀로 들어왔는데 용모는 곱지 아니하나 순직하므로 침실에서 살더니, 정성도 남의 눈에 띄게 더하고 본시 용한 아이라 윗전 마마의 본가 댁과 대군아기씨를 향하여 서러워하며 항상 말하기를,

"내 날개를 돋혀 날아가 기별을 알려 드리고자."

하기도 하고 또 말하기를,

"조그만 틈이라도 있으면 내 계집종의 모양을 하고 나가서 두 곳의 안부를 알아 오련만 담이며 문이 쇠로 만든 듯 조그만 구멍도 없으니 내 정을 펴지 못함을 서러워하노라."

하더니, 나가는 날은 더욱 서러워하며 제 다리를 만지며 울면서 말하기를,

"어릴 적부터 부모한테도 다리를 맞아 본 일이 없었는데 중한 매를 어이 맞으리요. 억울하신 일이오시니 거짓 자백은 아니 하려니와 맞을 생각을 하니 더욱 망극하여라."

하더니, 듣는 이가 불쌍히 여기며 정성이 지극한 사람이라 조금도 거짓 자백하리라 아니 여기더라.

제 나갈 때에,

"나에 대해서는 조금도 의심하시지 마소서. 몸이 가루가 되어도 나라 어른께서 억울하오심을 아오니 거짓으로 자백하지 아니 하리이다."

하더니 추국청에 나가 자기 사정을 하소연하며 울며 말하기를,

"윗전 마마께오서 억울한 일을 당하시고 계신 줄 아오며 어린 대군과 본가 댁 식구들의 생사를 알지 못하시어 밤낮으로 서러워하셨음은 사실이나 방정을 했다는 것은 억울한 일인 줄 아옵니다. 아무런 일이나

듣고 본 일이 있으면 무서운 곳에 와서 죽고자 하리이까? 살고자 할 일이오니 보고 들은 일이 터럭만큼도 없소이다. 중한 형벌을 받을까 두려워한다고 어찌 억울한 말을 하리이까?"

하며 이렇게 대하니 엿새 만에 내수사에다 가두고 제 아비와 어미를 달래었더라.

대전 유모의 오라비 계집이 여옥의 종이더니 그 유모가 불쌍히 여겨 매양 데려다가 보고,

"어찌 못 오느냐? 복이 적어 우리에게 못 오는가?"

하더니, 이 때에 중환이를 독촉하여 이 시녀를 잡아 내어다가 다른 옥에 가두어 놓고 달래어서 말하기를,

"이리이리 대답하면 너를 살게 하마."

하니, 여옥이 울고 여러 날 동안 마음을 허락치 아니하더니 아비 어미로 하여금 밤낮으로 한 곳에서 달래게 하되,

"너 이제 곧 모르노라 하면 우리를 다 죽일 것이니, 나라 어른께 대한 은정도 중하거니와 어버이의 목숨도 소중하다고 생각지 않느냐? 네 이제 거짓으로 자백하라 하여도 전혀 못한다 하면 네 앞에서 죽으리라."

이와 같이 갖가지 말로 허락을 받아들인 뒤에야 추국청에 나가게 하여 새로이 원성을 받으니 그 원성은 전날과 달라 흉측한 말로 대답하기에 이르렀다.

"물으시는 말씀이 모두 옳습니다."

"어찌 아느냐?"

"제가 보고 들었나이다."

하고, 묻는 말이 떨어지기가 무섭게 이와 같이 대답을 하였더라.

이런 일이 있은 뒤에 변 상궁이 병이 대단하여 다 죽어 가기에 내보

냈더니 여옥이는 놓여 나와서 평안히 살고 있는 터라, 하루는 상궁을 뵈러 와서 사연을 넌지시 말하기를,

"아니라 하라고 어버이들이 하도 보채기에 하는 수 없이 거짓으로 자백하였으나 후일에 멸족을 당할 화를 스스로 저질러 놓고 살아 있으니 내 죄 태산 같아 죽고자 하나 목숨이 모질어 아직껏 죽지를 못하고 나라 어른을 속여 거짓말로 살아났으니 무슨 면목으로 남을 볼 수 있으리까? 마음에도 없는 말로 거짓 자백을 하였으니 죽이시더라도 원망하지 아니하오리이다."

하며 울더라.

난이라는 상궁은 임진년에 시녀로 들어와 의인왕후 시절에 침실 나인으로 있더니, 제 인품이 똑똑하지 못하여 남들이 하는 상궁 벼슬도 못하고는 늘 선왕 마마를 위시하여 원망만 하다가 무신년 이후에야 겨우 상궁이 됐던 것이다. 이 상궁 몹시 간사하고 교만방자하여, 위께서 평안하실 때는 두 아기씨(정명 공주·영창 대군을 일컬음)를 향하여 남달리 유별나게 정성을 다하여 시중을 들더니, 계축년에 이르러서는 대비전을 향해서 불측한 원망을 하고 제 동생이며 조카를 다 시녀로 만들어 동궁전이며 대전으로 들여보내 내권이 당당하였으니, 난이는 세력을 얻어 만면에 화색이 날로 더해 가며 즐거워 어쩔 줄 몰라 하니 보는 사람들은 원통하고 분한 마음 그지없으나 그를 두려워하여 아무 말도 못하고 있는 터에, 난이가 말하기를,

"대전께 재물과 양식을 많이 드렸던들 설마 이런 일을 당했으랴? 세자 가례 때 세간을 많이 주신 일은 있으되 상궁이며 시녀에게 다 주셨던들 이런 일이 있을 수 있으리까? 시녀 상궁들에게 전량을 상급으로 많이 주지 않으시니 공주며 대군을 데리고 곱게 사실 수 있을는지 두고 보자고 대전과 내전이 모두 벼르더니 이런 일이 일어났느니라."

하며, 또 이르되,

"의인 마마께서 살아 계셨을 때도 세자에겐 효성이라곤 없고 어질지도 못하였느니라. 정유년 난에 수원에 가 계셨을 때 세자가 수레를 뫼시고 따라가 물을 건너게 되자 빈이며 자기는 먼저 물을 건너 의막(임시로 거처하게 만든 곳)에 가서 앉아 있고 나는 돌아보지도 않아, 호위하던 내관이 아무리 소리치며 배를 가져오라고 하여도 배는 보내지 않고 위엄을 가진 세자만 위하고 나는 생각도 않아 저는 초저녁에 건넜지만 나는 자정에야 겨우 건너게 되었는데, 날은 차고 밤은 깊어 이슬과 서리를 맞아 추위에 견디기 어려웠으니 세자의 효성이 지극한들 어찌 감히 적모(의인왕후를 가리킴)에 대하여 그렇게 대접하며, 하물며 제 어머님이 일찍 죽어 내가 길러 아들로 삼았으나 전혀 정이 없으랴마는 본래 이 사람이 효심이나 정성이 부족한 사람이기에 가히 알 만하도다 하오시더니 이제 저렇게 모진 체를 하니 어찌 사납게 굴지 않으리요."

하였다.

몹쓸 줄은 알지만 아첨을 하느라고 중환이와 함께 행동하여 대비전의 기물을 아무 거리낌없이 밤낮을 가리지 않고 가져가며, 대군이 피접 나가 있는 곳의 물건도 굉장히 훔쳐다 제 종과 중환이와 합심하여 잠근 문을 열고 세간을 훔쳐 밤이면 가져다가 아우 꽃향에게로 가니 형을 책망하며 이르되,

"나라 어른들께서 서로 사이가 좋지 못하시기로서니 종의 도리로 항거하고 배반한다는 것이 내 좁은 소견으로도 못할 노릇이라 생각되오. 남이라 할지라도 내통하는 일이 없을 것이로되 하물며 대비전의 세간을 훔쳐서 내게 보내다니 옳지 못하도다. 다시는 내게 보내지 마오."

하니 형이 노하여 말하되,

"동기간이 동기간을 구해 주지 않는다면 하물며 남이야 말해 무엇하리요. 대비전께서는 본가 댁과 대군을 위하여 밤낮 우시면서 돌아가시려고만 하시니 세간을 두었자 아무 소용이 없고, 더구나 대군이 세간은 두어도 쓸데없다 하시며 종들에게 다 나눠 주신 것이니, 잔말 말고 받아 두었다가 나를 내보내 주거든 그 때 살 수 있도록 잘 간수하라."

하며, 비단필이며 은그릇을 모조리 훔쳐 내고, 대군의 보모 김 상궁을 사귀어 죽지 않게 해 줄 것이니 전량을 많이 준다면 동생한테 일러 살려 주겠노라 하였으니, 살고 싶은 욕심에 온갖 것을 다 주었던 것이다. 샛문으로 통해 다니기에 원통하고 분함을 참지 못해 사람을 모아 순경 (밤에 도둑이나 화재 등을 경계하며 돌아다님)을 돌았더니, 하루는 넘어가다 들켜 잡히자 중환이 오히려 큰 소리로 꾸짖어 말하되,

"누가 우리를 잡으라 하더냐? 너희들이 우리를 금하다가는 삼족을 멸하는 화를 당하게 하리라."

하고, 큰 열쇠를 둘러메고 마구 치니 하도 무서워 굴러서 나가 버리더라. 이런 형편이니 그 때 중환이와 난이의 세도가 중함이 미치지 못할까 두려워했던 것이더라. 난이는 시녀와 상궁을 달래고 중환이는 하인들을 달래면서,

"이 해 동짓달로 택일을 하였으니 그쪽 전의 나인과 상궁 및 하인들을 다 데려가고 대비 마마는 새로 아이들을 두엇만 주어서 물 시중이나 들게 하여 저절로 돌아가시도록 하려 한다."

하니, 모두 이 말을 듣고 울며 서러워하니,

"그러나 좋은 곳에 가서 마시게 하리로다."

하는 이도 있고,

"내 윗전을 여의고 남의 전에 가서 차마 어찌 살 수 있으리. 가지 말

고 죽고 싶으나 죽으면 또 어버이에게 화가 미칠 것이니 어떻게 해야
좋으랴."
하고 우는 사람도 있더라.

대군을 데려갈 때처럼 핍박하여 데려가면 하직 인사도 못하고 내 물
건도 추리지 못할 것이니 차려 두자고들 하여 머리를 빗고 옷 보따리를
옆에 놓고 동짓달 보름날을 기다리고 있더라.

거짓말이 아니라, 대개 계교를 꾸밀 때는 말대로 꼭꼭 들어맞더니 이
번만은 데려가질 않더라. 또 말하기를,

"죽은 나인들의 세간은 죄인의 것이니 다 가져가라 하였지만 아무도
손대지 말고 그대로 넣어 두어라."

하니, 제 종이 치워 두어도 꺼내 입지를 못했던 것이더라.

윗전께서 나인들을 불러 말씀하시되,

"가까이 있던 나인들이 나를 위하여 원통하게 죽었으니 그 참혹함을
무엇으로 다 말하리요. 그들에겐 멀건 가깝건 일가 친척은 남아 있어
간수할 사람들이 있을 것이니 훗날 문을 열면 무엇으로 보답을 하리.
그들의 물건을 잘 간수하여 두었다가 줄 수 있도록 다 헤아려 장부에
적고 쇠를 잠가 간수하도록 하여라."

하시기에 간수를 하였더니, 중환이 말하기를,

"그렇게도 살려고 애를 쓰시며 죽은 사람의 세간까지 간수하라고 하
시는 건가?"

하고, 세간을 지키는 사람을 몹시도 미워했던 것이다.

대군의 세간을 다 가져간 뒤에는 제 몸을 보전하느라고 난이는 나가
고야 말았던 것이더라.

어찌 된 일인지 계축년 겨울이 되었어도 내어가지 않으므로 날마다
꾸짖으며 말하되,

"나를 종전의 침실 상궁을 삼으려 하시더니 지금은 어찌 안 데려간담. 그러기에 상감을 소같이 미련하다고들 하고 의인 마마도 사람같지 않고 효성도 없다고 하오시더니 정말 그렇지 않으냐."

하며,

"대비전께서는 별난 체하여 대군을 낳으시고도 그 자리를 지니지 못하셔서 이런 서러운 일을 당해도 모두가 당신의 탓이겠지만, 나는 무슨 일로 이렇게 들볶이며 살고 동생과 조카는 저희들만 편히 살고 나를 구렁텅이에 빠뜨려 두고 내보내 주지도 않는고. 어느 하나나 아주머니를 생각해 주어야 말이지."

하면서 하도 악을 쓰기에 어느 나인이 듣다못해 말하기를,

"내보내 주지 않는 일은 잘못된 노릇이겠지만 상궁이 대궐에서 살아온 지 삼십 년이나 되고 이런 시절에 대군을 피접 나시게 한 일도 백번 잘못된 노릇이지만, 당신께서 서러운 지경을 당하셨다고 설마 위께선들 남에게 잡혀 있게 하고 싶으실까마는 원수를 만났으나 나인의 처지로서 죽으면 죽고 살면 사는 것이지 무슨 귀한 목숨이라고 나라 어른을 원망하시는고?"

하자, 난이가 이 말을 듣고는 크게 노하여 꾸짖기를,

"너희들은 나라 어른의 은혜를 두둑이 입어서 원망을 않겠지만 나는 쥐꼬리만큼도 은혜 입은 것 없다."

하고 바락바락 악을 더 쓰더라.

죽은 김 상궁을 앉으나 서나 밤낮으로 꾸짖되,

"임진란 때에 단지 선왕 마마를 따르고 오셨다는 이유로 삼십도 못 되어 저희가 먼저 상궁이 됐다고 빼기고 나는 모시지 않았다면서 상궁으로 올라가도록 위께 여쭈어 주지도 않더니, 죽으러 갈 때는 제법 착한 체를 하더구나. 잘도 죽었지!"

하면서 침실 창 밑에 앉아서 큰 소리로 꾸짖되,

"김 상궁만 사람으로 여기시고 온갖 일을 다 하시다가 저런 지경이 되었으니 지금도 김 상궁을 가엾게 생각하고 계시는 건가?"

하기에, 어느 나인이 대답하되,

"김씨가 원래 생각이 곧고 충성심이 강하여 나랏일을 힘써 하며 양전 사이를 화목하게 하도록 애쓰다가 사이에 간사한 무리가 날뛰어 이런 일을 만들어 냈기 때문에 위께서 서러운 지경을 당하셨거니와, 자네가 상궁이 못 됐던 이유 때문에 김 상궁이 죽은 줄 아는가? 자네는 나라를 위하여 불측한 말을 하니 윗사람과 아랫사람이 분별도 차릴 줄 모르느뇨? 입이 있다고 어찌 아무 말이나 다 할 수 있으리요. 참고 말 않는 일이 많았지만 자네의 세도가 하도 당당하니 무서워서 누가 말을 하리요. 똥구덩이 속에 머물러 있지 말고 빨리 중전 상궁이나 되어 이 곳에서 나가소."

하니,

"어떻게든지 데리러만 온다면 노하지도 않고, 무엇을 못 잊는다고 돌아다보며, 붙잡는다고 있을 성싶으냐?"

하더니 갑인년 봄이 되어 데려 내갔던 것이더라.

나갈 때엔 분을 바르고 자줏빛 장옷(부녀자가 외출할 때에 얼굴을 가리기 위해 머리에서부터 내리쓰는 옷. 주로 초록 바탕에 흰 끝동을 달았음)을 입고 나가거늘, 다른 나인이 말하되,

"오래 살다가 하직 인사도 하지 않고 가는 것은 종의 도리가 아니로다."

하되, 실컷 할 말을 다 한 뒤 그 옷을 입은 그대로 왔기에,

"장옷만은 벗어라. 어전에서 어찌 감히 장옷을 입을까?"

하니,

"어전은 무슨 어전이오? 지금 이 지경이 됐는데도 어전이라고 해? 언제 벗었다 또 입고 가리."

하고는, 장옷을 입은 채로 하직 인사를 하러 들어갔던 것이더라.

평상시에도 전부터 있던 나인들은 다 물로 세수만 하고 낡은 옷을 입고 부원군(인목대비의 부친인 김제남을 일컬음)의 상복을 입고 있었는데, 난이는,

"나는 대비전의 몸종이 아니로다."

하고는 분을 바르고 다니기에, 다른 나인이 말하되,

"내 동생이 동궁전 침실에 있으니 내관이 보더라도 아무개의 동생이라고 핀잔을 줄 것이니, 누구의 눈에 띄더라도 삼가고 근신하여 남의 입에 오르내리지 않도록 하라."

하더라.

난이는 평교자를 태우고 좋은 말을 태워서 데려다 대궐에 가 살게 하였는데, 대군이 안 계시다는 소문도 들리지 않던 차에 누가 꿈을 꾸니 대군아기씨만 혼자 들어와 계시다가 우시면서,

"저는 나를 죽였지만 나는 인간 세상을 아무 미련 없이 버리고 좋은 곳에 와 있으니 죽은 일이 오히려 시원할 지경이로다. 형수 되는 이도 인간 세상에서 슬프게 죽게 한 일을 내 다 알고 있노라. 나는 여동빈, 문천상, 백낙천, 최치원, 거복사주와 함께 놀기도 하노라."

하시면서,

"그 세상에도 그런 사람들이 있는가? 나 있는 곳은 부처의 세상이고 그들은 신선 사는 곳에 있으니 벗으로 사귀어 노는 것이지 늘 함께 있는 것은 아니노라."

하시고 또,

"너무 서러워 마시라고 여쭈어라."

하시기에,

"어찌 친히 들어가셔서 여쭙지 않으시나이까?"

하고 묻자

"내가 그리우셔서 항상 서러워 우시는데 내가 들어가 뵈면 더욱 서러 워하실 것이니 들어가지 않겠노라."

하시며 울고 가시옵더라.

갑인년(광해군 6년) 삼월에 내관을 보내어 변 상궁께 이르기를,

"너희들은 다른 마음을 품지 말고 전으로만 뫼시고 평안히 살 일이지 어찌하여 대군으로 임금을 삼으려고 도적까지 사귀고 안으로는 방정 을 하다가 제 목숨을 온전히 보존하지 못하였으니 이제 살아 남은 나 인들은 내 말을 잘 듣고 그대로 복종해야지 그렇지 않으면 분명히 말 해 두거니와 법대로 처단할 것이니 그리 알고 행하도록 하여라. 처음 엔 대군을 경성에 두었으나 죄인을 성 안에 두는 것이 옳지 못하다고 조정에서 하도 보채니 두질 못하고 하는 수 없이 강화 땅으로 옮겼더 니 제 목숨이 박명하여 복에 과하였었는지 옮긴 지 오래지 않아 죽었 으니 죄인의 죽음은 찾는 법이 아니라 하여 조정에서 내버려 두라고 하였지만, 형제지간의 의리를 생각하여 비단 욧자리와 관곽을 갖추어 극진히 안장하였으니 대비전께서 아시더라도 서러워하실 리 없으시겠 지만, 경성에서 강화로 옮길 때 알지를 못하셨으니 제 명에 죽었어도 날더러 죽였다고 하실 것이 뻔하니 천천히 아시게 하여라. 즉시 여쭈 기라도 한다면 너희들을 잡아다 옥에 가두고 삼족을 멸할 것이니 너 희들만 알고 있다가 때를 보아 너그럽게 생각하시도록 하면 아무런 후환이 없으리라. 틈틈이 앉아서 한숨을 쉬며 서러워한다는 말만 들 리면 내 법을 다할 것이니 그리 알고 듣고만 있어라."

하거늘, 변 상궁이 대답하되,

"전교대로 하겠사오나 잠시도 눈물을 그치지 아니하오실 뿐더러 목도 매시고 자결도 하시려고 모시는 이가 없는 틈만 살피시니, 아이와 가깝게 모시던 늙은이는 다 죽어서 없고 미련한 것이 자그마한 애들만 데리고 밤낮 곁을 떠나지 않고 모시었으나 사람의 목숨은 마련이 없는 것이니 한 해가 지나고 두 해째 봄이 되도록 미음을 통 마시지 아니하오시니, 만일 돌아가신다 한들 어찌 종의 탓이겠습니까? 모시고 있사오나 두려운 마음으로 말한다면 양쪽이 다 어렵사오니, 차라리 죽어야 좋은 귀신이라도 될까 하나이다."

하니라.

이튿날 또 와서 말하되,

"비록 죽고 싶다고 하였으나 죄가 없어서 죽이질 않았으랴? 오직 전을 받들어 뫼셨으므로 죽이지 않은 것이니, 수라나 자주 권하여 잡숫도록 하고 서러워 울지 마시도록 하여라."

하거늘, 대답하되,

"속담에 이르기를, 서너 살 먹은 아이도 저 하고자 하는 일을 거스르면 좋아하지 않고 오직 뜻대로 하여야 울음을 그치는 법이거늘, 하물며 위께서는 남에게 없는 서러움을 당하사 밤낮 애통하신 울음소리가 그치지 않으시고, 두 해가 넘도록 어머님과 아기씨의 생사를 알지 못하오셔서 마치 몸에 불이라도 붙으신 듯, 산 고기를 양지에 놓은 듯 몸부림치시며 밤낮을 가리지 않고 우시고 냉수와 얼음만 마시시니 수라야 더욱 권하올 길이 없사오며, 이따금 위로하여 여쭙되 대전께서 죽 미음이나 자주 권하여 잡숫게 한다는 전교가 자주 오시니, 망극한 중에도 또한 모자의 정을 차리시니 어찌 감동하지 않으시리까? 하루살이 같은 종의 신세오나 마침내 목숨을 보존해 주시는 은혜를 입겠사와지이다."

하고, 위께 전교를 권하오니,

"대전이오시나 나를 어미라 하오시며, 누가 날 보고 국모라 할까 보냐? 너희들 다 물러가거라. 나 혼자서 울다울다 지치면 죽어 버리리라. 권하는 말이 더욱 듣기 싫다."

하시니 더 권하지는 못하더라.

대군이 돌아가셨다는 말을 듣고 시위인들의 서러움이 태산 같으나 날마다 와서 괴롭히니 어찌 울음소리를 낼 수 있으리요. 가슴을 두드리고 원통해할 따름이더라. 사월이 되도록 대군이 돌아가셨다는 말을 여쭙지 않았더니 위께서 먼저 꿈을 꾸셨는데, 모든 사람들이 아기씨를 안았다가 위께 안겨 드리니 위께서 우시며 반기어 흐르는 젖을 먹이시다 깨어 보니 꿈이었던 것을 깨달으사,

"마음이 다시금 놀랍고 온몸이 떨리어 지금은 얼른 진정할 수가 없을 지경이니, 어째서 이런 꿈을 꾸었노?"

하시거늘, 가까이 모신 나인이 대답하되,

"젖이라 하는 것은 아이들의 양식줄이니 아기씨께서 장수하셔서 대전의 마음을 자연히 풀어지게 하시고 서로 만나실 좋은 징조로소이다."

하더라. 그 뒤에 또 꿈에 아기씨께서 위께 와 안기시며 말하시되,

"머리 빗을 사이에 하늘의 옥(옥황상제가 있다는 옥경을 일컫는 듯함)을 보니 인간의 복갑의수의 오곡을 만들었고, 나를 보지 못하시어 서러워하시나 나는 옥황상제를 뵈니."

하고 울거늘, 붙들고,

"어디를 갔었느냐? 나는 너를 여의고 서러워 죽고자 하였건만 너는 어찌하여 간 곳도 아니 이르느냐?"

하오시니,

"아오셔도 쓸데없다."

하고 가시니,

"이 어찌 심상한 예사 꿈이겠느냐? 죽여 두고 나를 속이는가 싶으니, 바른대로 알려 주면 좋으련만 그렇지 못하니 이 서러움을 참지 못하여 곧 죽어 한데 가고자 하노라."

하고 하도 보채시니, 상궁이 서러움을 참지 못하여,

"눈물이 흘러 옷이 젖으니 어찌 서러움을 참으며 철석 같은 마음인들 견딜 수 있으리요. 안부를 전하려고 하다가 못하여 이리 꿈에 나타나 이르시니, 저희는 속이고자 하나 아기씨가 영특하시어 꿈에 나타나시니 인간은 속일 수 있으나 신령은 못 속이는가 하나이다."

하니, 위께서 졸도하시어 죽은 듯이 누워 계시다가 가까스로 냉수로 깨워 여쭙기를,

"아기씨 벌써 범의 입 안에 들어감을 면치 못하오셔 이제 아무리 간장을 태우시고 서러워하셔도 살아 돌아오실 까닭이 없는 일이옵고 병드오신 본가 댁 동생님께 어린 자손들 데려오시고 의지할 데 없어 윗전을 다시 만나 뵈옵고자 살아 계시오이다. 아기씨를 위하여 옥체를 버리시오면 제 더욱 기꺼워하여 정말 모진 일을 하여 방정을 하다가 나타나 자진하셨다고 사기에 쓰일 것이오며 악명을 싣게 될 것이니, 윗전께서 먼저 돌아가시는 날에는 온갖 나쁜 짓을 다 하시었다고 이를 것이니 부디 서러움을 참으시어 잠시 견디어 보소서. 종인들 탄식하고 한숨 쉬매 어찌 잔인하다는 생각이 들지 아니하겠사오리까? 평시의 좋은 시절에는 존귀하게 모시며 지내다가 이제는 나인이 초야에서 김매는 하인만도 못한 신세가 되어 해골이 거리에 두르고 금부·나장에게 뒤를 쫓기게 되었으며, 선왕 마마를 가깝게 모시던 사람이나 의인 마마 가례를 올릴 적 사람들이 모두 중형을 받아 죽었으니 불쌍하고 애처롭기 그지없더이다. 차라리 죽어서 이런 모든 끔찍한

이야기를 듣지 말고자 하오나 윗전 마마를 생각하옵고 오늘날까지 살아온 것이온데 이제 돌아가시면 우리만 살라고 그냥 둘 까닭이 있겠사오리이까? 새로 옥사를 일으킬 것이오니 한 아기씨를 위하여 이제 남은 유신들을 모두 서럽게 죽게 마옵소서."

하오니,

"난들 그런 줄을 모를 리야 있겠느냐마는 동서도 분별치 못하는 어린 아이가 슬하에서 자라는 양이나 보려고 하였더니 강제로 빼앗아 가 간 곳도 가르쳐 주지 아니 하다가 죽였으니 애를 끊는 듯 살을 에는 듯한 설움을 참지 못하며, 어머님이시며 내 일로 말미암아 서럽게 죽은 동생들을 생각하니 이제 죽으면 저승에 가도 부형도 반가이 뵙지 못하고 부끄러운 넋으로 외로이 돌 것이니 참는 일이 많아 죽지 못하나 무슨 원수를 지었기에 이렇듯 서러운 일을 겪게 하는고. 내 지은 죄 없으니, 서러움은 비록 내가 받으나 선왕께 하는 바와 같으니 한갓 나를 미워하는 일이라고만 할 수 있으랴. 선왕께옵서 사랑하시지 않던 원한을 내게 와서 풀되 이 원한을 나한테만 풀기는커녕 내 친정 가문과 어린 대군을 모두 죽였으니 어찌 한갓 서럽다고만 하겠느냐 세세생생(몇 번이고 다시 태어나는 일, 즉 윤회를 일컬음)에 다시는 이런 땅에 태어나지 않으려니와, 문 열어 주거든 노모의 안부나 듣고자 하노라."

하시며 문안 내관더러 이렇듯 말씀하시나 들은 체도 아니하더라.

봄이 지나 여름이 가고 가을이 되었을 때 나인들이 종기가 생겨 앓고 있어,

"약이나 지어 먹게 하고 싶구나."

하고 부탁하였으나 들은 체도 아니하더라. 변 상궁만 남았으니 모든 나인들이 어미 믿듯 하고 윗전께서도 한가지로 믿어 계시오다 변 상궁마

저 앓아 누우니 윗전께서 더욱 망극히 여기시어 어떻게 해서든지 살려 내려고 갖가지 약으로 구병하오시나, 나이 많고 마음 고생을 많이 한지라 열이 심하여 살 길이 없게 되었거늘,

"하다가 못하여 나인의 병이 중하니 내어 보내 주시오. 살릴 방도가 없소이다."

하고 여러 번 간청하셨건만 들은 체 아니하거늘, 다시금 청하니,

"무슨 일을 꾸미려고 거짓으로 병이 난 체하여 나인을 내어 보내게 해 달라고 하느뇨?"

하거늘, 무서워서 더 아무 말도 못하다가 그 병세가 하도 수상하며 다시 나을 가망이 전혀 없으므로 다시금 간청을 하니 그제서야 내어 보내되, 별장·내금위며 대전 내관이며 모두 차비문 안에 서고 의녀로 하여금 상궁의 속치마며 바지까지 뒤져 보게 하는 등 그 욕됨이 말할 수 없이 지독하고 옷 사이에 무엇이 들었는가 햇빛에 비춰 보고 신은 신발을 다 벗겨 보고 머리 짚어 보며 내관이 말하기를,

"대전의 전교 없으니 별장, 내금위장 모두 들이밀어 보고 행여 글월을 품어 가거나 품 안에 감추고 있는가 하여 대비전을 믿지 않으시고 별장들을 대령케 하였으니 대충 보고 나중에 큰일을 내게 하지 말고 들이밀어 보라."

하니 고자며 모든 놈들이 상궁을 껴안아 들이밀어 보고,

"아무것도 없다."

하니, 그제서야,

"동생이 들어와 데려가라."

하더라.

병이 중하여 비록 정신을 잃고 있을망정 욕됨이 가볍지 아니하여 웬만한 병이면 차마 못 나갈 판국이었다.

모든 나인들이 울며 빌기를,

"병이 중하여 구하지 못할 것이 나가는데 무엇을 가져갈 것이라고 저리 심히 뒤지느뇨? 죽으러 가는 나인이라고 뒤져 보고, 병을 얻어 나가느니라 의녀를 시켜 뒤져 보고, 부끄럽고 욕됨이 이루 말하기 어려울 지경이니 나인은 상인(예사 사람)이라 그렇다 하거니와 윗전의 체모를 어찌 조금이라도 생각해 주지 못하랴?"

하니, 내관이 대답하기를,

"우리더러 그런 말을 해야 아무 소용이 없네. 우리도 죽을까 두려워 이렇게 하노라."

하더라.

변 상궁이 궁 밖으로 나간 지 오랜 시일이 지난 뒤에 윗전께서 병이 깨끗이 나았거든 다시 들어오게 해 달라고 하시오나 대답도 아니하더라.

변 상궁은 구월에 나가고 전에 감찰 상궁으로 다니던 천복이 내전에서 더디 잡아 낸다고 하옥하더니, 시월 스무날에 데려다가 은덕이의 조카를 이 사람의 양자를 만들어 두고 내외에 말을 서로 통하더니 안으로 들여보내 어떤 흉측한 일을 꾸밀 생각으로 잘 달래어 이 때에 윗전마마께 들여보냈더라.

이 사람이 원래 성질이 미욱하고 운수가 막혀서 나이 육십이 되도록 자식 하나 없고, 얼굴 생김새가 괴상하여 그 모습이 등유 칠한 것같이 검고 언문 한 자도 제대로 잘 쓰지 못하여, 의인왕후 적부터 자기가 좋은 자리에 쓰이지 못함을 늘 마음속으로 원망스럽게 여기고 있었는데, 이 때에도 제 소임을 맡지 못하여 너무도 서러워한다는 이야기를 들으시고,

"제 행실이 착하지 못한 줄 모르고 나이가 많도록 힘든 일만 하고 어렵게 지낸다니 그도 사람이라 불쌍하도다."

하오시고 감찰 상궁을 시켰더니, 양전으로 문안 인사드리러 다닌답시고 아침에 문안 가서 한낮에 돌아오기도 하고 저녁나절이 되어 돌아오기도 하며, 은덕이와 가히와 날이 저무는 줄 모르고 그 곁에서 세월을 보내더라.

천복이가 이르기를,

"대군이 남과 달라 자라면 큰사람이 되리라."

하니, 은덕이가 이르기를,

"아무리 슬기롭다고는 하지만 오래 사는가 두고 보오."

하더란다.

이런 사람을 들여보냈건만 아무런 사정도 모르고 계시니 마음이 무한히 너그러운 어른이셨거니와, 들어와 인사도 제대로 하지 않고 다짜고짜 묻기를,

"윗전 마마 어디 계신고? 올라가 이르거라."

하였다.

"아무 데 계시거니와 잠시 물러가소."

하니 대답하기를,

"나를 대전에서 일부러 보내시어 변 상궁이 병들어 나갔으나 네 들어가 모시라고 하시어 왔으니 곧 들어가게 하여라."

하시었다.

"무엇이 바쁠꼬? 아주 뫼시러 들어왔으면 더욱 마음 든든한 일이니 물러가 쉬라."

하니, 노하여 이르기를,

"내가 즐겨서 왔는 줄 아오? 싫다고 마다하니 대전, 내전 두 마마께서 네가 들어가야 잘 모실 것이다. 아니 들어가면 중죄를 주리라 하오셔 온 것이지 좋아서 온 줄 아오?"

하였다.

　말이 짐짓 해악하니 처음부터 싫은 생각이 드는 위인이었으니, 즉시 안으로 들어가 침실의 지게문을 열고 바로 들어가 앉으면서 여쭈기를,
　"대전 내전이 소인을 일부러 불러다가 네 친히 모시되 옥체를 만지며 잘 모시라고 하오셔 찾아왔나이다."
하니, 윗전께오서 몹시 괘씸하게 여기셔 대답도 하지 아니하시니, 앉아 있지 못하여 나와 모든 하인더러 이르기를,
　"저것이 왜 왔는가 하고 미워하지 마라. 마음이 내켜서 온 것이 아니니 모두 싫게 여기지 마라."
하거늘, 대답하되,
　"윗전 마마께오서는 마음이 괴로우셔 매양 우시기만 하오시거든 변 상궁이 들어서서 위로하여 모든 아이들을 거느리시옵더니 이제 밖으로 나가시어 원망스럽기 비길 데 없는 처지이거든 어떤 상궁이 오시든 싫어할 까닭이 있겠습니까? 즐겨 문 열 듯 성원하여 주소서."
하자 이에 대답하기를,
　"대전 내전이 보내시어 모시라고 하셔서 온 것이니 나는 그 대답은 할 수 없노라. 나라 사람 시켜 밥 지어 먹고 옷 지어 줄 이 없거든 시녀 시켜 지어 입고, 옷감이 없거든 대비 마마께 여짜와 주소서 하여 입고, 조금이라도 네 말을 아니 듣거든 문안 내관을 시켜 문서로 결과를 보고하라. 그른 일이 있으면 내수사로 잡아 내어 죄를 줄 것이니 월경하고 병든 이 있거든 즉시 내어보내라 하시더라."
하거늘, 모든 나인이 놀라 얼굴빛이 변하더라.
　"그러면 가장 좋거니와, 병들었다면 내어보내며 말미를 줘 내어보내기야 대비전께서 하오시지 마음대로 내어보내라 할꼬?"
하니, 아무런 말도 하지 않고 잠잠하더라.

여러 날이 지났으되 윗전께서 불러 아니 보오시니 노하여 이르기를,

"부리시며 아니 부리시는 일이 있거들랑 보고하라 하오신 바 있으니 푸대접한다 하오시고 이렇게 박정하게 대하시니 대전을 두려워하시는가 싶으니 내 반드시 보고하리라."

하고 여러 번 벼르거늘, 모시는 이가 여쭙되,

"천복이가 들어오매 불행한 일이옵고, 첫날 들어왔을 때부터 마음이 놓이지 아니하였사온즉, 처음으로 묻기를 침실에 누가 드나드느뇨 묻기에 우리들이 사노라 하니 눈 흘기며 이르기를, 대전이 즉시 소명하였고 정씨는 당초에 잔소리를 하고 운다 하여 내어다가 죽이겠노라 하오시더라 하고, 들어와 하는 행동이며 모든 몸가짐이 괘씸하기 그지없으나, 들어온 지 여러 날이 지났사온데 한번도 감하오시지(살펴보시기) 아니하시기에 감히 오늘 청하옵나이다."

"제 얼굴 모습이 더럽고 행동과 언사가 극히 괘씸하니 보기 싫으나 한번 오라 하여 제 말을 들어 보리라."

하오시고 불러 보오시니 평소에 저도 한 번도 모신 적이 없는 사람이요, 곱지 아니한 얼굴 치켜들고 바로 앉아 바라보기 두려운 일이로되 가장 좋은 양하여 얼굴을 똑바로 치켜들고 번듯이 나와 앉거늘 윗전께서 물으셨다.

"네 어찌하여 이리로 들어오게 되었는고?"

"친히 모시라는 어명으로 들어왔나이다. 전지도 가져왔나이다."

"전지란 것이 무엇이냐? 네 어찌 나에게 함부로 전지라는 말을 쓰느냐?"

"소인에게 들어가 옥체도 잘 간수하고 요사한 일을 하거든 금하고 서계하라 하오시더이다."

"그는 용한 말이로다. 내 아무리 위세가 꺾이어 보잘것없이 되었다

하나 종 부리는 데까지 이토록 여러 말이 있단 말이냐? 며느리로서 시어머니를 타이르는 나라가 또 어디 있느냐? 나는 하는 일 없으니 네 들어와 살펴보라. 부모 동생이며 어린아기 없애고 이제 무엇이 부족하여 이 곳에 가둬 두고 용납치 못하게 하는 것이냐? 네 만일 그 죄책 입을 때 누구와 어울려서 입으라고 하더뇨? 필부를 구하여도 믿지 못할 것이니 나를 서럽게 하여 선왕 아들이라 하고 이름을 더럽히게 될까 아껴하노라. 내전이 정사에 참견을 하니, 잘 타이르고 잘못을 일러 드리면 대전도 안 들을 리 없건만, 대전으로 들어앉아서 대전의 잘못하는 일을 그대로 좇는도다.”

하오시니, 천복이가 여쭙기를,

“문을 열고자 하오나 전계를 못 얻어 하오시나 양전(광해군과 중전을 일컬음)이며 세자께 친히 글월을 적으시어 소인에게 주오시면 내관을 시켜 전할 것인즉 필경 반겨 받으시리이다.”

하였다.

“전날에도 여러 번 간곡히 적어 보냈으되 한 번도 대답이 없었으나, 비록 서럽기는 하나 또 빌지는 못할 것이니 그만 물러가라.”

하오시니, 나와 앉아서 이르기를,

“아무리 잘난 체하시어서 어버이로라 빌지 아니하오신들 대전 내전이 어버이라고 하시겠는가? 그렇게 생각지 아니하는데 어쩐단 말인고?”

하거늘, 누군가 대답하여 말하기를,

“선왕 마마 친영(아내를 정실로 맞이함)하신 중궁이오시고 공주와 대군을 낳아 계오시거늘, 모진 법을 하여 어버이라고 아니하나 그게 오래 갈까?”

하자 천복이 대답하기를,

“대전 어머님을 공성왕후(광해군 2년에 생모 공민 김씨를 추존하여 공성왕후라 함)라 추존하였고 대군을 죽였으니 누구라 말할 것이며 선왕 마마를 제 아버님으로 대접이나 하는 줄 아시오? 살아 계셨을 때 이름만 세자라 하고 사랑치 않으시고 가르치지 아니하셨기에 이제 왕으로 계셔도 아무 일도 알지 못하니 더욱 애타게 여겨 그 원한을 대군에게 푸는 것이니 어쩔 수 없다."

하거늘,

"아버님 어머님을 모두 인정치 않으신다면 어디에서 태어났단 말인고?"

하고, 죄인 응벽이를 담산(무엇인지 알 수 없음)에 담아 목릉·유릉 위에 올려다가 방정한 곳을 가리키라 하니 그놈이 올라가서 이르기를,

"내가 방정한 곳이 어디 있다더냐? 내 모진 형벌을 못 견디어 잠시나마 쉬어 보려고 거짓말을 하였더니라."

하고 내려가 죽으니라. 응벽이는 대군 보모 상궁의 조카러니라. 사람들이 놀라서 물었다.

"아버님 무덤을 팠다는 사람이 어디 있는가?"

"그런 줄은 다 알건만 누군들 두려워 감히 입 밖에 말을 낼꼬. 침실 안에만 들어가게 해 준다면 물이라도 억지로 마시게 해 줌세."

"어찌하여 마시게 한단 말이냐?"

"기회의 권력이 중하니 가히 형과 가히에게 전량을 많이 주기만 하면 천하에 못할 일이 없을 것이니 문 열기는 가장 쉬운 일이라오."

하더라. 윗전께 이런 뜻을 여쭈니,

"세 곳에 글월을 써서 문 열어 달라고 빌어 보려니와 나라의 어른이 되어 당치도 않은 천인에게 청하기는 옳지 아니한 일인 줄 아오. 다른 마음먹어 나를 죽이고자 잠가 넣었으니 청할 바 아니니 두 번째로 옳지 아니한 일이며, 제 어미를 봉작하여 두고 나를 용납치 못하게

잠가 넣었는데 쓰린 마음으로 청하여 비는 것이 세 번째로 옳지 아니한 일이며, 늙고 미련한 나인의 말을 듣고 막중한 청을 함이 네 번째로 옳지 아니한 일이니, 나를 이리 가둬 둠이 심상한 일이 아니며 반드시 나중에라도 제가 큰 화를 입으려고 한 것이라 청으로 이루어질 일이 아니니 다섯째로 옳지 아니한 줄 아노라. 답답하고 서러운 것은 비길 데 없으나 천복이에게 의지하여 가만히 빌기는 죽을지언정 못할 일이로다. 너희들이 인견우지(무슨 뜻인지 자세히 알 수 없음)하여 좋게 대답하라."

하오시더라.

이러할 때에 동짓달이 거의 되었더니 천복이 입을 것이 없다고 엄살을 부리니, 초록과 백주와 솜이며 신이며를 주오시고 이르시기를,

"너를 예사로운 여느 나인으로 보지 않아 대답을 하지 않았더니, 계축년에 나간 나인 내놓으라고 보채어 두 감찰 상궁을 잡아 내 가니, 옥중에 들어가 지내기가 어렵게 되어 추워한다 할 때 입을 것을 주며 먹을 것을 자주 주도록 하라."

하오시니, 불 땔 나무며 음식을 주오신다 하고 보내면 천복이 엄연히 누워서 대답하기를,

"주오시니 주상의 은덕은 그지없거니와 나는 귀하게 여기지 않노라. 이년조차 대비전의 것 싫어하노라."

하니, 가져갔던 사람이 차마 듣지 못하여 곧 나오고 말았더라. 윗전께오서 친히 글월을 써 양전과 세자궁에 문 열어 달라고 비오시니 이튿날 내관 보내어 천복이를 그르다 했다는 말을 듣고 천복이 걱정이 되어 누워서 말하기를,

"나를 달래어 들여보내시기에 침실에서 사는 몸이라 시키는 일은 할까, 나도 살리실까 여겼더니 아니 부리시니, 제 소임을 아니한다 하고

미워하시니 죄 입을까 두려워하노라."

하고 근심하여 대소변을 보더라.

　　몸가짐이 야무지고 똑똑하면 어찌 어여삐 여기지 아니할까마는 하는 말이 하도 괘씸하고 미우니 조금도 어여삐 여기시지 않으나 남의 입이 두려워 미운 말을 아니하고 좋은 체하더니 하루는 공주를 뵈옵고 말하기를,

　　"어머님 같다마는 서방 맞을 데 없고, 옷 입은 모양 더욱 같으니 보기 싫다."

하더라.

　　공주가 마마(천연두)를 앓으시니 천복이 기뻐하며 이제야 뜻을 얻었다고 좋아하나 할 일이 없어 하더니 침실 문을 닫고 조심하니 천복이 아파 누웠다가 그제서야 일어나 와서 두루 보고 마마인 줄 알고 들어앉아서 일부러 고기 저미고 술을 마시거늘, 남이 들어가 보니 이르기를,

　　"알게는 술 고기를 못 먹을 것이니 우리 가만히 먹자."

하고 먹더니 윗전께서 아시고 천복이놈 몰래 들어앉아서 고기 뜯고 술 마시며 가만히 먹자 했다니 괘씸하고 더럽다, 어서 빼앗아 못 먹게 하라 하오시거늘, 사람을 보내어 보니 과연 한 사람을 데리고 앉아서 먹고 있더라.

　　"저도 하도 불쌍하여 참인지 거짓인지 듣지 아니하였으나 먹노라."

하더라.

　　이 때를 타 천복이 섣달 열이렛날 침실 기슭에 가만히 불을 놓으니 불 놓을 때 이경인데도 마침 늙은 문 상궁이 마음이 직순한 사람이라 윗전을 위하여 침실 안이 더우나 늘 머물러 자더니 불붙는 소리 급하거늘, 인정(밤에 다니는 것을 금하기 위해 종을 치던 일. 이경에 스물여덟 번을 쳤음)은 벌써 친 지 오래라 이경이 지났고 불붙는 소리 나니 무슨 소리

냐? 천복이 자기 방에서 혼자서 자더니 필경 요사스러운 일을 꾸민 것이 틀림없다고 하고 급히 지게문을 열고 나가 보니 붉은 불빛이 하늘에 가득 찼고 불붙는 소리 가깝게 들리거늘 샛문을 열고 나가 보니 침실에 잇닿은 사랑채에 불이 붙었으되 처마가 바로 닿아 있는데, 침실에서는 아기씨를 위하여 두루 닫고 앉았다가 잠깐 잠이 들어 불붙는 소리를 듣지 못하였다가 놀라 닫은 문을 열어 젖뜨리고 내닫는 소리를 듣고 너무도 경황이 없어 한달음으로 뛰어나가며 소리지르기를, '불이야, 불이야!' 외치거늘 모든 나인이 다 쫓아나와 보니, 천복이 홀로 나타나지 아니하더라.

나인들이 옷을 벗어 물 속에 담갔다가 쳐서 불을 끄더라. 숯섬에 불을 놓았으니 섬을 잡아 내치었으나 처마끝은 벌써 다 타 내려졌더라. 옷을 벗어 무수리를 시켜 모두 끄더라. 불을 끈 뒤에 천복이가 종을 데리고 나와 이르기를,

"숯섬에서 불이 난 것은 하나도 이상할 것이 없느니라. 본래 숯섬이란 것은 오래 쌓아 두면 불이 나는 법이니라."

하자 모두 대답하기를,

"숯섬에서 불이 난다면 선공(선공감을 일컫는 듯함. 선공감은 토목, 건축, 수리 등을 맡은 관아)에서는 숯을 어찌 쌓아 두며 시방 여러 곳에 쌓아 놓았으되 불나는 데 없더니 이 불이 극히 이상하다."

하니,

"그렇다고 누가 불을 놓았으랴?"

하더라.

공주께서 지금 역질로 앓고 계신 경황없는 사이에 놀라게 하여 타 죽게 하려 하는 거동임이 분명하더라.

윗전께서 놀라 어찌할 바를 몰라 지게문을 닫으시고 안채에까지 불이

붙게 되면 바깥으로 나오시려고 하였는데, 나인들이라고는 하지만 아이, 늙은이 대여섯이 나서서 못 끌 불을 끄니 어찌 심상한 속인이라고 할 수 있으리요? 천복이 어떻게 해서든 역질을 심히 앓게 하려는 생각에서 종을 시켜 가만가만 칼질도 하며 온갖 음식을 다 시켜 먹더라.

하인들 중에는 아이들이 여럿 있어서 옳지 못한 일을 시킬라치면 늙은 나인이 소리지르며 때리거늘, 그 아이가 노하여 아이들 대여섯을 달래서 데리고 도망쳐 가서 가히를 만나고 싶어하니 즉시 나와서 말하되,

"대비는 어떻게 지내시며 공주는 어떠시고 또 나인들은 무슨 일들을 하느냐?"

물으니 그 아이가 대답하되,

"대비 마마께서는 밤낮 울고만 계시고 공주 마마께선 무슨 일을 하시겠으며 나인들인들 무슨 일을 하올까? 아무 일도 하지 아니하옵니다."

하자, 시녀 정순이가 꾸짖되,

"대비 마마라니 무슨 당치도 않은 소리를 하느냐? 그냥 대비라고만 하여라. 공주 마마는 또 무슨 소리냐? 그냥 공주라고 하여라. 공주가 늙더라도 혼자 늙게 내버려 두지 무슨 부마를 삼게 하랴? 죽어도 그냥 죽게 내버려 두지 누가 내어오게 한다더냐? 대비가 되었다고 누가 위하랴? 대비의 성질이 사납기는 이루 말할 수 없어 우리 대전 마마를 죽이고 대군을 그 자리에 세우려고 하다가 들켜서 저렇게 잡힌 신세가 된 것이니라. 털끝만치도 대비를 위한 생각은 말아라. 위한다면 죽이리라. 벌써부터 오라고 손꼽아 기다려도 오지 않더니 어째 이제서야 왔느냐?"

하자 대답하되,

"어버이의 소식을 통 모르니 안부나 들어 볼까 하여 왔나이다."

하니 가히가 말하되,

"너희들이 그 곳에서 하는 일을 고하면 안부도 듣게 하마."

하자 대답하되,

"아무 일도 하시는 일은 없고 그저 서러워하고만 계십니다."

하니, 정순이 꾸짖으며 말하되,

"너희가 하는 일을 속이면 다 잡아다 옥에 가두실 것이니 바른대로
이르라."

하자 대답하되,

"아는 일이 없으니 죽이신다고 한들 모르는 일을 어찌 말하리까?"

하였다. 정순이 꾸짖되,

"말하질 않다니 정말 괘씸하구나. 어버이를 빨리 보고자 하거든 대비
를 하루속히 죽이거나, 그렇게 못하겠거든 불이라도 질러라. 그렇게
만 하면 너희들은 다 양반이 되어 나가기가 쉬우리라. 너희들이 왔으
니 고기랑 술이랑 내리노라."

하고 술과 고기를 주웠으나 아무도 먹지를 않았다.

"어이 먹지 않느냐?"

"슬퍼서 못 먹나이다."

"슬프다고 저까짓 것을 못 먹을까. 그러지 말고 어서들 먹어라."

"대비를 꾸짖으니 서러워 안 먹겠나이다."

"어찌 우느냐?"

"들어 갇혀서 슬퍼하는 아이들 생각하고 우나이다."

"어서 먹어라."

"기휘(꺼려서 싫어하는 일)로 고기를 안 먹던 것이라 먹지 않나이다."

"무슨 기휘냐?"

"공주께서 마마를 앓으십니다."

그러자 가히가 놀라며 기꺼 물어보았다.

"무슨 마마냐?"

"큰 마마를 하오십니다."

"곱게 잘 하오시냐?"

"곱게 잘 하오십니다."

"얼마나 돋았느냐?"

"조금 돋았다고들 합니다."

"며칠째나 됐느냐?"

"거의 다 나아가시옵니다."

"천복이를 침실에서 부리시도록 하였는데 누가 못하게 막아서 안 부리시게 하느냐?"

"아이가 대비 마마의 일을 어찌 알꼬?"

"들었을 텐데 설마 모르랴?"

정순이 또 꾸짖어 말하되,

"대비 마마라고 하지 말랬는데 또 대비 마마라고 하느냐?"

하니, 가히가 정순에게 눈을 흘기며 꾸짖어,

"잔말 말라."

하니, 정순이가 또 말하되,

"무엇이 어여뻐 꾸짖지 말라 하시는고? 대전 마마를 죽이려고 한 일이 고마워서 아니 꾸짖을까?"

하더라.

중환이의 당에 소속된 아이기에 함께 넘어가면 내어보내 줄까 하고 넘어갔더니 하도 꾸짖고 상전을 욕하니 쫓아가던 아이들은 화가 나고 애달파 도로 넘어오며, 혼잣말로 말하기를, 이럴 줄 알았더라면 가지 말

것을 혹시 나가게 될까 생각을 했었는데 공연히 욕만 보았구나 하면서 울고 온 아이도 있고 우리 다시 한 번 가자 하는 아이도 있더라.

침실 상궁들은 기휘하는 까닭으로 안에서 나오질 않으니 알 길이 없었는데, 사옥이란 아이가 침실 처마 밑에서 지키고 자는데, 하루는 남달리 늦게까지 자기에 수상하게 여겼더니 곁나인들이 담을 넘어와서 단속을 하고 부엌의 불붙은 부분의 불을 지르니 자는 사람이 간신히 일어나 물을 길어다 불을 끄고, 누가 한 짓인지 알지도 못하지만 무서워서 불이 났었다는 말을 내지 못하고 아는 사람들만 알고 그냥 참고 살았더라.

이 아이들이 계속해서 넘어갔고 두려운 생각들이 들어서 궁전에는 야경을 돌며, 공동(위험한 말로 사람의 마음을 두렵게 함)케 하고 불을 질러서 소란하게 하는가 하면, 밖으로는 납향제(섣달 그믐날에 그 한 해 동안 지은 농사 형편과 그 밖의 일을 여러 신에게 고하는 제사)에 쓸 돼지를 많이 들여 오면서 내관이 내전께 여쭈기를,

"어찌하여 들이리이까?"

하니

"토막을 쳐서 들이라."

하니 차비문에서 도끼로 돼지, 사슴, 노루를 토막치는 소리가 침실까지 들려오고 그 고기를 장대에 꿰어 들이미니,

"조금 있다가 들이라 하거든 들이라."

하기에, 내관이 큰 소리로 꾸짖되,

"우린들 어찌 우리 마음대로 할 수 있으리요. 전에는 그냥 통째로 들이더니 올해는 어쩐 일인지 토막을 쳐서 들이라는 대전의 전교가 있어 마지못해 토막을 쳐서 들이는 것이니 잔소리 말고 어서 들이라."

하더라.

사람이 미처 받지 못하면 군사들이 들고 와서 내동댕이쳐 버리고 어서 문을 닫으라고 하더라.

마마 앓는 데는 칼질과 도끼질이 가장 흉한 줄을 알고 일부러 토막을 내서 들이라고 한 것이더라.

그래도 신령께서 도와주시고 잔인한 짓인 줄 여기시어 마마를 순히 앓아 넘기셨더라.

넘어갔던 나인들이 마마 귀신을 나가지 못하게 넣어 두었는데도 공주는 순하게 앓다가 낫고 내 손자는 그렇게 예방을 했건만 어째서 죽었는지 참 이상도 하다고 말했더라.

그 곳의 나인들이 날마다 높은 곳에 올라가 망을 보다 혹시 그 곳에 갔던 아이라도 눈에 띌라치면 손짓을 하여 오라고 해서 기어이 그 애가 담을 넘어가게 만들었더라.

한번은 이경쯤에 누가 담을 타고 넘어가려 하는 것을 한 시녀의 종이 뒤따라나가다가 보고 제 동료한테 이르러 온 사이에 뛰어내려 얼른 제 방에 가서 자는 시늉을 하고 있어서 누가 넘어가려 했었는지 알지를 못했으니 잡아 보았자 처치하기도 어려운 터라 일부러 모르는 체를 하고 덮어 두었더라.

저들은 어떻게든지 나갈 궁리만 하여 별별 계교를 다 꾸며 가며 나가려고만 하더라.

그 곳의 나인이 밤에 담을 타고 넘어와 버드나무 위에 앉았다가 이 곳 나인을 만나게 되면 신고 있던 신발을 다 벗어 던지고 가곤 했더라. 다른 나인들은 혹시나 저를 잡으러 오지나 않았나 해서 무서워하며 혹 밤에 본전 나인을 만나도 남의 전 나인인가 하여 혼비백산이 되어 저도 모르게 소리를 지르게 되니, 누군 줄 알고 저렇게 소리를 지르는 거야, 난데 왜 그래 하여도 무어라고 소리를 질렀는지, 어디로 달아나야 하는지 통 모르고 쩔쩔매곤 하더라.

을묘년 봄이 되니, 변 상궁이 나간 뒤로 죽었는지 살았는지 알지 못해도 말씀도 못하시고 내버려 두었더니, 어떻게 생각들을 했는지 이르지도 않았는데 사월 그믐날에 도로 들여보내 주더라. 들여보내 줄 때 상궁보고 들어오라고 하여 가히가 나와 보곤 손사래를 치며 이르기를,

"우리를 죽이려고 피하다가 하느님이 알아 잡아 냈으니 망정이지 대전이 누구시라고 감히 죽이려고 하였던고? 하느님이 재앙을 내리신 것이니 이제 와서 뉘 탓이라고 할꼬? 이제라도 곱게 살지 못하려고 하늘께 제사를 지내며 죽으라고 빌다가 그 일도 탄로가 났으니 그래도 거짓말인가."

하고 손뼉을 치고 소리지르며 허둥거리니, 이편에선 입이 있은들 무어라고 말할 수 있으리요. 아무 말도 못하고 잠잠히 앉아 있으려니 손사래도 더디며 오락가락하더라.

"그렇게 잠자코 있는 걸 보니 내 말이 사실임에 틀림이 없으니, 입이 있다 한들 무슨 말을 하겠는가? 하도 옳은 소리니 말이 없느냐?"

하더라.

내전이 친히 만나서 할 말이 있다고 하기에 한참이나 기다리고 있었더니, 무슨 계략을 꾸미려는지 다시 부르진 않고 사람만 보내어 말하되,

"너를 애초에 죽였어야 옳을 것을 안 죽였으니 이 모두 은덕인 줄을 아느냐? 병을 핑계로 나온 것도 그 동안에 잔꾀를 부려 병이 들었다 하고 나온 것이니 너를 들여보내지 말 것이로되, 모실 사람이 없다고 하여서 너를 들여보내는 것이니라. 이 뒤부터는 요사스런 일일랑 다시 하지 말고 잘 모시도록 하라."

하더라.

가히가 내달으며,

"내 말을 듣고 저토록 서러워하시니 어서 죽기라도 하시면 시원할 텐데. 대군을 임금 자리에 세우고 편안히 살려고 하다 발작이 났으니 부디 내 말대로 이제라도 죽기나 하시지. 공주야 내전 마마께서 어련히 길러서 혼인을 시키실라구. 공주는 차차 나이 먹고 문은 열 길이 없으니 도둑의 무리도 잡지를 못했고, 공성왕후 마마도 천조에 주청을 하러 갔으니 이제 문을 연다 한들 어찌 용납이 될 수 있을꼬? 하루속히 돌아가시면 양길 전이 다 좋을 것을."

하기에, 하도 분하여 나도 죽기를 무릅쓰고 말하기를,

"죽고 사는 일은 본래 운명에 달렸나니, 어찌 마음대로 죽으소서 하리요. 벌써부터 죽고 싶다는 것이 주야로 소원이시되 어떤 까닭에선지 살아 계신데 그런 말을 들으니 더욱 서러워라."

하였다. 그리고 이어서,

"공주아기씨야 어련히 잘 기르실 일일까마는 부모보다 더 좋은 이가 이 세상에 어디 있을까?"

하니, 가히가 웃으며 말하되,

"아까 한 말은 모두 우스갯소리려니와 살아 계셨다가 우리가 되어가는 뒤끝을 보겠노라고 하신다니 그 말이 정녕 옳은가?"

하고 물으니 대답하되,

"사람의 마음은 다 같은 법이니 나는 아직 들어 보지도 못한 말이로세."

하니 가히가 말하되,

"대전이 죽으셔도 세자가 계시니 잠근 문이 썩는다고 한들 열기가 그리 쉬운 노릇일까? 지금도 세자께 말하기를 내가 죽은 뒤에도 내가 살았을 때처럼 하라고 하시는데, 행여 좋은 일을 볼까 하는 마음에서 살아 있지는 마시라고 하게. 상궁이 내 말을 잘 들으면 이로울 일이

있을 것이니 듣소. 자네가 내가 한 말을 소문 내는 날에는 멸족을 당하는 화를 입을 것이니 자네하고 나하고 굳게 맹세를 하여 보세."

하니, 하도 무서워 대답하되,

"나는 속에 있는 말을 참지 못하는 성질이니 듣지 않았으면 좋겠소."

하자, 가히가 앞으로 나와 다가들며 손목을 쥐고 말하되,

"우리는 서로 아이 때부터 함께 살다가 우연히 사이가 멀어진 것이 아닌가? 대비 마마를 모신 지 얼마 안 되는데 무슨 정이 그렇게 깊으실꼬?"

하면서 온갖 방법을 다해 달래기도 하고 또 위엄을 지어 말하되,

"대전과 내전이 상궁을 보고 친히 이르시려고 하더니 연고가 있어 못 만나신다고 날더러 말하라 하시기에 말하는 걸세. 이제 들어가걸랑 꼭 죽이셔야지 만일 살려 둔다면 종에게만 서러운 일이 있을 따름이요, 유익한 일이 없으리라. 이런 말을 소문만 내면 두고 보자. 죽은 어버이에 이르기까지 화를 벗지 못하리라."

하더라.

아무리 참으려고 애를 쓰되 분해 못 견디어 울면서 대답하기를,

"이 일은 종이 차마 못할 노릇이니 들어가지 말게 하여 주소."

하니 가히가 말하되,

"상궁이 좋은 말로 하는데도 내 말을 들어 주지 않으니 내 알 수 있겠소? 아무렇게나 하소."

하더라.

갑인년 사월에 내과 박충신을 보내어 공주와 대군이 들어 계시던 곳을 두루 돌아보고 이튿날 또 와서,

"할 일이 있어서 그러는 것이니 어서 끄집어 내어라. 더디면 나인들을 다 죽이리라."

하고 갑자기 재촉을 하니, 나인들은 어찌할 바를 몰라 까닭이나 알고 끄집어 내려고 하되 잠시도 지체하지 말고 모두 끄집어 내라 하기에 공주의 피접소부터 세간을 끄집어 내겠노라 하니, 또 내관을 보내어 대군의 세간은 다 밖으로 내어오라 하고 온갖 세간과 솥가마며 다듬잇돌을 꺼내어 동가, 서가, 북가, 남정, 양진, 당지들이 꺼냈고, 나라의 곳간지기 내관이 보더니 다 빼앗아 수레에 싣고 가니, 남정 곳간은 내관이 문이며 지게문이며 온통 둔테(문둔테. 아래위의 문장부를 끼는 구멍이 뚫린 나무)를 박고 문틈을 다 바르고 들어가서 모조리 다 세어서 적어 가지고 갔더라.

안팎의 담을 더 높이 쌓고 가시덤불을 담 위에 얹고 문에는 첩(출입을 금하기 위해 문에 나무를 걸쳐 대고 못을 박는 것)박고 축대 밖으로 담을 쌓으니 늙은 나인이 울며 말하되,

"안팎으로 담을 대여섯 자나 더 높이고 문마다 첩 박고 문둔테를 박으니 위께서는 돌아가시기만 날마다 기다리시지만, 부모 자손 사이에 뒤에 남을 이름이 불쌍하고 서럽고, 어머님을 안치(유배 죄인을 가두어 둠)하셨다는 말은 벗지 못하실 걸세."

하니, 내관이 달아나며,

"대비께서 옳게 처신하셨던들 이런 일을 당하실까? 잔말 말고 서럽더라도 잘 모시고 계시오소서. 우리한테 말해 봤자 아무 소용 없소이다. 나라의 녹을 얻어먹는 처지에 누구를 옳다고 하올꼬?"

하더라.

궁중을 좁게 하여 겨우 다닐 수 있게 만들고 차비문에다 첩 박고 차비로 하루 두 번씩 출입하되 아침에도 삼전에서 문안이 오되 간신히 엎드렸다가 '문안 알고 싶으오이다' 라는 말도 않고 그냥 일어나 가더라.

어떤 말이고 하려고 하면,

"우리는 말 들으려는 것이 아니라 문안만 알려 왔노라."

하더라.

하루는 문안 내관 나업이가 왔기에,

"글월 가져가라."

하니, 대답하기를,

"손 없어서 못 가져가리이까, 발이 없어 못 가져가며 입이 없어 못 전
하리까마는, 가져오지 말라고 하니 못 가져가나이다."

하더라.

궁중 안에 더럽고 지저분한 물건 버릴 만한 빈터가 없어 내관더러 말
을 하면,

"아뢰기는 하되, 대전 마마께서 이르시기를 받아서 버리지 말라 하오
시고 한데 모아 두라고 하시니 못 쳐내노라."

하니, 이 년 동안 모아 놓은 것이 산 쌓아 놓은 것 같더라.

제발 쳐 달라고 백번 애걸할 양이면 내관이 꾸짖어,

"대전 마마께 아무리 취품하여도 치우지 말라고 하시니 못하리라."

하였다.

이와 같이 하여 두어 해가 지나니 악취가 방 안에 가득 차고 구더기
가 생겨서 방 안과 밥 지어 먹는 솥 위에 기어올라 아무리 씻어 내어도
없어지지 않더라.

문안 대답하는 상궁이 울면서 여러 번 이르니까 그 때야 마지못해 어
른 내관과 종사관(조선조 때 각 군영 포도청의 종6품 벼슬)을 보내어 첩첩
이못질해 놓은 문짝을 떼내고, 별장, 내금위, 병조낭청, 사소위장이 하
인을 보내어 거느려 쳐내 갔더라.

지붕 위에도 까마귀와 까치 똥이 가득하게 쌓여 회 칠한 듯하니, 별
장들이 이르기를,

"나인들은 적고 짐승들은 많아 더러운 것을 먹으니 집 위에 회 칠한 듯하고 악취가 궁중에 가득하여 잠깐만 그 냄새를 맡아도 못 견디겠거늘 윗전께서는 어찌 견디시는고? 선조 때 이 궁중에 와 본 일이 있거니와, 선왕께오서 승하하오신 지 오래지 아니하여 자손이 이와 같이 만드셨으니 눈뜨고는 차마 못 보겠다."

하고 눈을 가리고 눈물지으며 나가더라.

나인이 행여 빠져 나갈까 싶어 호위 군사를 사방에 둘러싸게 하고 별감을 보내어 어서 치우고 나가라, 더디면 죽이리라 하더라.

이러하기 두어 해에 한 번씩, 삼 년에 한 번씩 더러운 오물을 치워 주곤 하더라.

하루는 나인이 서로 늘어서서 불을 켜고 다녀 보니, 이튿날 내관이 하인을 데리고 연고 없이 사나이를 궁중의 행랑집 위에 오르게 하여 두루 다니게 하니, 나인들이 하도 무서워 안으로 쫓겨 들어와 숨었더니 내관이 이르기를,

"무슨 일을 하느라고 불을 켜고 다녔느냐?"

하더라.

하인이 신을 것이 없어 발벗고 다니다가 다치기라도 하여 울 양이면 내관을 보내어,

"무슨 일로 우느냐?"

하며 묻거늘,

"발이 아파 운다."

하니, 또 와서 이르기를,

"언감생심에 울지 말라. 울면 죽이리라."

하더라.

나인들이 들어 있는 곳이며 침실 모두 옛 집이라 두루 새어서 비가

올 때면 몸둘 곳이 없어 하도 민망하여 새는 데를 이어 고쳐 달라고 빌되 듣지 아니하니 이에 나인이 고치려고 가까스로 지붕 위에 올라간즉 내관이 꾸짖더라.

나인이 정순이 말과 천복의 명령으로 갑인·무오년과 같이 방화하지 않는 적이 없어 숯섬에도 불을 놓으며, 소목 놓은 데며 거적에도 불을 지르곤 하니 견디지 못하여 신시(오후 3시~5시)부터 불기를 금하니, 미시(오후 1시~3시)에 밥을 지어 먹고 신시에 요령을 흔들고 부엌 구석마다 온 궁 안을 두루 돌아보기를 두 시간에 한 번씩 하더니, 대전 쪽으로 넘어갔던 하인들 중에서 싸움이 일어나 싸운 끝에 그런 사실을 아뢰니 윗전께서 통분하게 여기시어 각각 모이게 하여 앉혀 놓고 흉악한 모략을 묻자오시니 종아리가 터지기도 전에 낱낱이 복초(취복취초의 준말. 취복은 죄인이 자기의 죄상을 고백하는 것이고, 취초는 죄를 저지른 사람의 조사를 받는 일)하더라.

"누가 방화하기를 가르치더냐?"

하고 물으시자

"대전 시녀 정순이가 가르치더이다."

하였고 그 옆에 있는 하인이,

"너희가 방화하여 대비와 공주를 타 죽게 하면 너희를 종의 신세에서 면하게 해 주고 큰 상을 주고 우리에게 와서 살게 해 주마 하더이다."

하더라.

여러 번 방화를 한 집 위에 불길이 올라 활활 타오르거늘 나인들이 노소 할 것 없이 모두 몰려나와 불을 끈 것이 그 몇 번이나 되었던고!

차비문 내관이 민망히 여긴 나머지 대전에게 고하니,

"끄지 말고 버려 두라."

하나, 나인이 그 때마다 불을 다 끄니 내관·별장이 모두 기특하게 여기더라.

나인들이 신을 것이 없어 헌옷을 뜯어 노끈을 꼬아 짚신처럼 만들기도 하고, 헌신을 뜯어 신는 것을 기워 신되 헤퍼 견디지 못하여, 화살촉을 빼내어 송곳을 만들어 짚신을 짓기 시작하더라.

겨울이 오면 눈 위에서 신을 것이 없어 큰 신을 뜯어 사슴가죽으로 큰 신을 짓기 시작하였는데 봄에 절여 두었다가 겨울을 지내니 녹피창이라 겨우 한 겨울은 지낼 수가 있더라.

십 년이 되어 가니 모든 물건이 다 동이 나서 신창 기울 노끈이 없어 베옷을 풀어 꼬아 깁고, 지을 실이 없어 모시옷과 무명옷을 풀어 쓰더라. 나인이 발이 진물러 울고 다니더니 한 나인 아이 발이 깨어져 급한 소리로 우니 윗전께서 듣자오시고 불쌍히 여기시어,

"아무쪼록 해서든지 발을 간수하여 주라."

하오시니, 처음에는 칼로 평평한 나막신을 만들어 주더니 점점 익숙해져서 굽이 높은 나막신을 만들어 주더라. 나막신의 못은 진상 들어온 궤짝의 못을 빼내어 쓰더라.

칼 할 것이 없어 예부터 있던 환도를 둘로 끊어서 칼을 만들고 가위를 숫돌에 갈아서 날을 만들고, 하인의 옷을 만들 것이 없어 낡은 아청(검은빛을 띤 푸른빛) 옷을 뜯어서 흰 것에 드리워 입고, 윗사람은 치마 할 것이 없어 민망히 여기고 있더니 짐승의 똥에 쪽(마디풀과에 속하는 일년생 풀)씨가 들어 있으매 미처 한 포기 났거늘 한 해 길러 두 해째는 꽤 많이 자라나서 이럭저럭 하여 남빛 물감 들이기를 시작하더라.

쌀 일 바가지가 없어 소쿠리로 쌀을 일더니, 까마귀가 박씨를 물어 왔거늘 한 해 길러 두 해째는 쪽박이 열리더니 세 해째는 종박이 되고 네 해째는 큰 박이 되더라.

솜 없이 칠팔 년 겨울을 지냈는데 햇솜이 없어 추워서 덜덜 떨더니,

면화씨가 섞여 들어왔거늘 그것을 심어 두세 해째는 면화가 많이 열리어 그것으로 옷에 솜을 넣어 입었더라.

사절이 다 지나되 나물 얻어먹을 길이 없더니 가지와 외와 동아(박과에 속하는 일년생 만초)씨가 짐승의 똥 속에 들었거늘 심으니 나물상은 차려 먹을 수가 있더라.

또 새의 목에 수수씨가 들어 있거늘 심으니 무성히 열리더라.

가을이 되어 떨어 보니 찰수수더라.

상추씨가 짐승의 똥 속에 있기에 심었더라.

여러 해가 지나다 안 담이 무너지니 하도 민망하여 뜰에서 땅을 단단히 다져 고쳤더라.

옛 집이라 여러 해째 손을 보지 못하니 마침내 대들보가 꺾여지고 기울어 사람이 치이게 되었기에 한 나무를 얻어 괴고 내관더러,

"대전께 고하라."

하였으나 백번 빌되 들은 체도 아니하더라.

바깥담이 또 무너지거늘 쌓아 올렸더니 내관이 들어와 보고 이르기를,

"계집이 한 일이 아니라 짐짓 장사가 한 일 같다."

하고 기특하게 여기더라.

씨 뿌리지 않은 나물이 침실 앞뜰에 가지가지 나니 신통히 여겨 가꾸어 뜯어 삶아 먹으니 향기롭고 맛이 좋거늘 모두 먹더니, 꿈에 사람이 나타나 이르기를,

"나물을 못 얻어 먹기에 이 나물을 주노라."

하더라.

대추나무가 있으니 전부터 있던 것이로되 벌레집이 되어 예부터 먹지 못하더니, 폐문중에 햇실과 없으니 윗전께서 부원군을 위하여 제사를

지내시더니 무오년(광해군 10년)부터 이 나무가 싱싱해져서 열매가 큰 밤만큼 크게 열리고 맛조차 비상하게 좋아 여느 대추와 다르고 거의 한 섬 가량이나 열렸더라.

　꿈에 이르기를,

　"부러 맛좋고 성하게 열리게 한 것이니 나인들이 도적질하며 먹으면 다시 안 열리게 하리라."

하므로, 사람을 시켜 지키게 하였더라.

　복숭아나무도 심지 않았건만 저절로 길가에 자라나서 열매가 열리니 그 맛이 마치 천도와 같고 예사 맛이 아니더니, 꿈에 이르기를,

　"보통 복숭아나무는 세 해를 채워야 열매가 열리는 법이로되 이 나무는 두 해 만에 열매 열게 하였으니, 잡사람이 먹으면 열매 열리지 아니하고 즉시 죽게 하리라."

하더라.

　윗전께서만 잡수시다가 꿈이라고 믿기지 않아 모두 먹으니 그 해 겨울에 절로 죽더라.

　밤나무를 윗전께서 시녀를 시켜서 심게 하오시더니 여러 해 무성하다가 기미년(광해군 11년)에 죽거늘 심상하게 여겼더니 꿈에 이르기를,

　"이 나무 죽었으니 괴이하게 여기지 말라. 다시 살아나리라. 이 나무 사는 일로 윗전께서 다시 살아나시라."

하더니, 이듬해가 되어 한 가지가 살아나고 또 이듬해 한 가지가 살아나더니 다시 꿈에 이르기를,

　"다 살아나면 좋은 일을 보시리라."

하더니, 이듬해에 큰 나무마저 살아나 옛 모습을 그대로 드러내었더라.

　가을에 늦게 피기를 봄에 늦게 피듯 하거늘 수상히 여겼더니 꿈에 사람이 나타나 이르기를,

"근심 말라."
하더라.

무오년 여름에 불이 일어나 정릉골로 불이 옮아 붙어 오거늘 문을 두드려 아무리 불러도 대답 아니하기에 하도 부르니까 마지못해 대답을 하고,

"불이 붙어 오는데 문을 닫아 두고 태워 죽이려고 하느냐? 이제 문을 열어 불을 피하게 하라."
하니,

"내전이 잠근 채 두고 열지 말라 하시니 못 열겠노라."
하더라.

나인이 하도 민망하여 불머리를 보려고 집 위에 오르니 내관이 문 밖에서,

"어서 내려가라. 대전께서 아시면 다 죽이리라."
하거늘, 아니 내려오니 크게 꾸짖기를,

"가만히 들어앉아 있지 못하고 보아 무엇 하려는가? 나인의 머리를 깨뜨려 버리겠노라."
하더라.

내관이 대전께 여쭙기를,

"불이 옮아 붙으오니 자전을 어찌하리까?"
하고 물으니

"버려 두라."
하더라.

문 열 기색이 없거늘 문안 내관더러 이르기를,

"윗전 마마의 용태 중하시어 피를 토하시니 행여 이르지 않았다 하오실까 하여 여쭙나이다."

하니, 즉시 내관을 불러 이르기를,

"어디가 아프시며 무슨 연고로 피를 토하시며 하루 몇 차례나 하시느냐는 나인의 말이 믿어지지 아니하니 의녀를 들여보내 진맥하라."

하였다.

"행여 그러하옵시니 의녀는 들이지 마오시고 문을 열어 주오시면 백병에 다 좋을까 하나이다."

하니, 와 꾸짖기를,

"일부러 병이 나서 아파한다니 나인을 모두 죽이겠노라."

하고 이어서 말하기를,

"중하게 아파하시거든 곧 이르라."

하였다.

"고초히 있다가 불평하옵시랴?"

하니, 죽을 잡숫게 하고자 기꺼워 날마다 묻곤 하더라. 정사년(광해군 9년)부터는 조정에서 음력 초하루 탄일에도 문안 아니하고 공손한 인사도 아니하더라.

세공(해마다 궁중·정부에 상납하는 공물)이라 하고 행여 남이 알까 하여 진상 단자(남에게 보내는 물목을 기록한 종이)에 쓴 것을 대전 내관이 긁어 없애고 들여보내더라.

신유년(광해군 13년) 칠월에 총으로 무장한 군사를 달래고 꾀어서 내장사(임금의 세전 장원과 그 밖의 재산을 관리하는 곳) 밑에서 숙직을 하게 하고 삼경쯤 야경을 돌게 하니 마치 만군이 들끓듯 하더라.

나인들의 생각엔 그들이 들어와서 죽이려는 것만 같아 애가 타 갈팡질팡 헤매다 침실에 가서 윗전을 호위하여,

"함께 가 죽자."

하더라.

대전에 살던 총으로 무장한 군사가 본궁에 가서 해마다 공포를 쏘니 귀신을 몰아서 우리한테로 모두 오게 한 일이었더라.

나인이 병이 들어도 백번이나 빌어야 겨우 나가게 해 주면서 가히, 은덕이, 갑이를 아는 나인은 밖에 사는 어버이에게만 청을 넣으면 앓지 않아도 내보내니 나인들이 울며 말하기를,

"집은 크고 사람 수는 적어서 밤이면 무서우니 앓는 사람만 나가고 성한 나인은 나가지 말라."

하면, 대전 내관이 말하되,

"대군도 데려 내갔는데 나인들 따위야 무에 대단하다 여기시리? 잔소리 말고 어서 내라."

하였다.

이렇게 내간 일이 대여섯 차례나 되었더라. 계해년(광해군 15년) 정월 초사흘날에는 죽은 나인의 종을 다 잡아 내라고 하기에 위께서 비시면서,

"죽이려는 생각으로 이 곳에 가두어 넣었으니 서러운 일을 생각한다면야 벌써 죽었어야 하나 내 목숨은 하늘에 달린 것이니 사람의 뜻대로 못하리다. 나인 삼십여 명을 다 죽였으니 궁중이 비어 까마귀와 까치와 도깨비만 꾀어 들끓는 형편인데, 죽은 나인들의 종들까지 내노라고 하면 나 혼자 무서워 살지 못할 것이다."

하오시니, 들은 체도 않고 어서 내놓으라고 독촉만 하기에 두어 나인의 종만 내어 주었더니 데려다가 개 부리듯 하더라.

삼월 열하룻날에 내관을 보내서,

"앓는 사람이 있거든 내라."

하였다.

열이틀날에는 가죽에다 두 마마 귀신을 그리고 붉은빛 나는 작은 주

머니에 죽은 나인들의 이름을 써 넣고 산 나인들의 이름은 밖에 써서 매달고 내관 편에 보내어,

"이 가죽일랑 침실 문 안에 걸고 주머니는 거기 써 있는 나인들의 이름을 보여 주고 차게 하여라. 없애 버리면 아니 되리라."

하고 가니, 보매 하도 흉하고 무서워 즉시 파 묻으니라.

계해년 삼월 열이튿날 삼경에 문을 여니라.

오래 잠가 두었으나 궁중에선 기특하고 거룩한 상서로운 일이 많았으니 늙은 나인들은 축수하고 젊은 나인들은 더욱 두려워 뜻을 펴지 못하더니 이렇듯 만고성사 있더라.

신유년·임술년부터는 거룩한 사람이 내려와 나인들의 눈에 기특한 일이 많더라.

계축년부터 겪던 서러운 일이며, 항상 내관을 보내어 두렵게 하고 꾸짖던 일이며, 박대, 부도, 불효의 일들을 이루 기록치 못하여 만분의 한마디나 기록하노라.

다 쓰려 하면 남산의 대나무를 다 베어 온들 어찌 이루 쓰며, 다 이르려 하면 선천지가 다하고 후천지가 흥한들 다 이야기 삼아 보랴.

나인들이 잠깐 기록하노라.

작품 알아보기
(고전 문학)

〈인현왕후전〉은 조선 시대에 씌어진 작자, 연대 미상의 고소설로 원제는 〈인현성후덕행록〉이다. 숙종의 민비 폐비 사건을 다룬 궁정문학 작품으로, 내용은 숙종이 인현왕후를 폐위시키고 간악한 장희빈을 왕후로 세웠다가 다시 폐위시킨 뒤 인현왕후를 복위시킬 때까지의 궁중 비극을 역사적 사실에 입각하여 다룬 것으로, 당시 궁중의 음모가 생생하게 묘사되어 있다.

조선 시대의 우아한 궁중어를 사용하여 과장이나 생략이 없이 이야기를 전개시킨 수작으로, 〈한중록〉과 아울러 궁중문학의 빼어난 작품으로 평가된다.

〈계축일기〉는 인목대비를 모시던 나인이 지은 조선 시대의 궁중소설이다. 〈서궁록〉이라고도 하며, 〈한중록〉, 〈인현왕후전〉과 함께 3대 궁중소설의 하나로 꼽힌다. 광해군과 영창대군과의 왕위 계승을 위한 싸움 및 영창대군 살해 사건을 중심으로, 그의 생모 인목대비의 심정을 상세하고 실감있는 필치로 그렸다. 조선 시대 소설문학의 발달에 기여했으며, 궁중 비사를 그려 일반 백성과 후세 사람들에게까지 그 내막을 알게끔 적어 놓은 데에 역사적 가치가 있다. 또한 현대 작가의 수법과 맞서는 필치로, 조선 중기의 궁중에서 전개되는 인정·풍속과 착잡한 생활상을 사실적으로 서술하였으며, 고대소설에 흔히 있는 한문 고사를 사용하지 않고 순 한글로 썼다. 중후하고 아름다운 궁중어를 구사하여 각 인물과 사건을 그려놓은 점 등에서도 그 가치를 높이 살 만하다.

논술 길잡이
(고전 문학)

❶ 아래 그림은 〈인현왕후전〉에 나오는 것으로, 장 희빈의 간
계로 인현왕후가 대궐에서 쫓겨나는 장면이다. 이 때 인현
왕후의 심정이 어떠하였을까에 대해 써 보라.

논술 길잡이
(고전 문학)

❷ 〈인현왕후전〉에서 장 희빈은 간악한 행동을 일삼다가 끝내 사약을 마시고 죽는다. 장 희빈이 행복한 삶을 살고자 했다면 어떻게 행동했어야 옳을까에 대해 써 보자.

❸ 〈계축일기〉에서는 광해군의 잔인하고 난폭한 행동이 잘 묘사되어 있다.
정치적으로는 긍정적인 평가도 받고 있는 광해군이 왜 그렇게 행동했을까에 대해 자신의 의견을 써 보자.

논·술·한·국·대·표·문·학 〈전60권〉

펴 낸 이	정재상
펴 낸 곳	훈민출판사
주 소	경기도 고양시 덕양구 원당동 416번지
대 표 전 화	(031)962-3888
팩 스	(031)962-9998
출 판 등 록	제395-2003-000042호